本书为天津市哲学社会科学规划项目
"天津增加养老公共服务的具体路径与支撑体系研究"
（TJYY17-023)的结项成果

THE NEW ERA

RESEARCH ON THE SUPPLY

OF OLD-AGE SERVICE IN

新时代
养老服务供给研究

李勇　刘东生　李理……著

天津出版传媒集团

天津人民出版社

图书在版编目（CIP）数据

新时代养老服务供给研究 / 李勇，刘东生，李理著
. -- 天津：天津人民出版社，2022.10
　ISBN 978-7-201-18828-7

　Ⅰ．①新… Ⅱ．①李… ②刘… ③李… Ⅲ．①养老－
社会服务－研究－中国 Ⅳ．①D669.6

　中国版本图书馆 CIP 数据核字(2022)第 184019 号

新时代养老服务供给研究
XINSHIDAI YANGLAO FUWU GONGJI YANJIU

出　　版	天津人民出版社
出 版 人	刘　庆
地　　址	天津市和平区西康路 35 号康岳大厦
邮政编码	300051
邮购电话	(022)23332469
电子信箱	reader@tjrmcbs.com
责任编辑	林　雨
装帧设计	汤　磊
印　　刷	天津新华印务有限公司
经　　销	新华书店
开　　本	710 毫米×1000 毫米　1/16
印　　张	13.5
插　　页	2
字　　数	180 千字
版次印次	2022 年 10 月第 1 版　2022 年 10 月第 1 次印刷
定　　价	58.00 元

为了老年人的美好生活需要

（代序）

自从有了人类,便有了养老问题。步入老年,不可避免地会遭遇身体机能衰退、智力思维下降等多重因素,因而风险也就大大增加,正所谓"风烛残年"。虽然如此,老年人也有追求美好生活的需要,于是养老服务业就应运而生了。

养老服务既是一个实践层面的问题,也是一个理论层面的问题。从理论层面来看,套用马斯洛的需求层次理论,养老服务要满足老年人的生理、安全、社交、尊重及自我实现五个层次的需求。西方学者的理论有利于我们加深对养老服务问题的理解,但解决中国的问题不可能照搬西方理论。习近平总书记关于养老服务发表了一系列重要论述,为新时代做好老龄工作提供了科学的理论指引。从实践层面来看,随着我国老龄化程度的不断加深,党和国家致力于完善养老服务体系。

从实践层面来看,随着我国老龄化程度的不断加深,党和国家致力于完善养老服务体系。中国特色的养老服务体系由基本养老保险、补充养老保险和商业养老保险三个支柱构成。第一支柱是基本养老保险。新中国成立后,我国开始着手建立基本养老保险制度,改革开放以后,"统账结合"型养老保险制度逐渐成熟。我国居民基本养老保险主要有四类构成:一是城镇企业职工基本养老保险制度,即"城职保",建立于1997年,适用城镇各类企业职工和个体劳动者,是我国在全国范围内建立的第一项基本养老保险制度;二是新型农村社会养老保险制度,即"新农保",是2009年在"老农保"的基础上建立起来的,适用于年满16周岁(不含在校学生)、未参加城镇职工基本养老保险的农村居民的基本养老保险制度;三是城镇居民基本养老保险制度,即"城镇保",建立于2011年,适用于年满16周岁(不含在校学生)、不符合职工基本养老保险参保条件的城镇非从业居民的基本养老保险制度。"新农保"和"城镇保"于2014年合并为城乡居民基本养老保险制度,亦称为"城居保";四是机关事业单位养老保险制度,即"机关事业保",建立于2015年,适用于按照公务员法管理的单位、参照公务员法管理的机关、事业单位及其编制内的工作人员的基本养老保险制度。截至2020年底,"城职保"与"城居保"合计参保人数为9.86亿人,基金累计余额为5.81万亿元,我国基本保险制度范围实现了全覆盖,形成了从城镇到乡村,从企业到机关事业单位的城乡居民养老保险制度,实施了世界范围覆盖人群最大的养老保障计划。

第二支柱是补充养老保险,由企业年金制度和职业年金制度构成。企业年金制度是企业及其职工在依法参加基本养老保险的基础上,自主建立的补充养老保险制度。自20世纪末开始试点,到21世纪初大力推行,企业年金参保人数和基金规模节节攀升,形成了我国养老保障制度的重要组成部分。截至2020年底,企业年金参保人数为2718万人,基金累计余额为2.25万亿元。职业年金制度是机关事业单位在参加机关事业单位基本养老保险的基础上建立起来的补充保险制度,从2014年开始建立,经过几年的发展,我国职业年金的覆盖范围和基金收入有了较大提升。

第三支柱是商业养老保险,是在国家给予税收支持基础上形成的个人养老金制度,建立于 20 世纪末。近些年来,得益于党和国家出台的支持政策,商业养老保险有了较大增长,但相对于第一、第二支柱而言,我国商业养老保险仍处于起步阶段。

党和国家为应对人口老龄化建立了战略资金储备,这就是全国社会保障基金。该基金设立于 2000 年,国务院成立专门理事会进行价值投资,经过二十多年的发展,基金规模从初始资金 200 亿元增长至近 3 万亿元,其中累计收益超过 1.6 万亿元。

为了提升养老服务供给水平,党和国家出台了一系列支持政策。一是财税政策。财政部、国家税务总局等部门针对养老服务出台了包括增值税、个人所得税、企业所得税在内的减免税优惠政策,致力于降低养老服务提供者的运营成本。二是补助补贴政策。包括基本养老保险基金补助、高龄失能老人补贴、福利彩票公益金、中央财政调剂金等。三是养老保险省级统筹。养老金统筹致力于调节各省区市基金余缺,促进基本养老保险基金长期平衡,这项工作随着 2022 年企业职工基本养老保险实施全国统筹,画上了句号。四是划转国有资本充实全国社会保障基金。不同层级的国有资本划转,全国社会保障基金通过股权分红,做大应对人口老龄化的国家战略资金储备。五是延迟退休。随着我国居民预期寿命的延长,提高退休年龄势在必行,以实现养老保险制度的平衡运转。这项政策已酝酿多年,渐进式退休政策已达成共识。六是生育政策。改革开放以后,我国实行了长达近四十年的"一胎制"计划生育政策,人口结构发生了巨大变化。从"一胎制"到"单独二孩""全面二孩",再到"三孩",生育政策的调整没有有效提升生育率,国家应着力构建生育支持体系,从推行生育补贴和完善社会保障等方面提升生育意愿和缓解家庭养老压力。七是护理保险政策。这项工作最近有所加强,相关部门应总结 11 个试点省市区经验,完善我国护理保险政策,提升养老服务质量。八是养老服务标准。截至目前,民政部等部委已出台了 23 项国家标准,涉及养老服务质量、安全等多个方面,有力地促进了养老服务标准化建设,同时也为政府购买服务提供了指引。

得益于"三支柱"养老保险制度体系建设和养老支持政策的推动,我国各类型养老模式下的养老服务供给有了明显增加。在机构养老模式方面,继上海提出"9073"养老服务体系以后,全国各地纷纷效仿,着力健全以居家为基础、社区为依托、机构为支撑的养老服务体系。从全国范围内来看,2020年,全国3.8万余个养老机构提供了823.8万张养老床位,每千名老年人口养老床位达到46.38张,养老机构服务硬件基本满足了"9073"的建设目标,但各省之间的发展存在着严重不均衡。在软件方面,国家卫生健康委、民政部、教育部等部门持续提升养老服务从业人员技能,取得了较为明显的成效。在社区居家养老模式方面,党的十八大以来,党和国家颁行多项政策法规,增加社区居家养老服务。一是大量建设社区养老服务设施,包括星光老年之家、社区老年活动中心、老年社区日间照料中心等,为社区老年人提供居住、生活照料、医疗保健、文化娱乐等方面专项或综合服务。"十三五"以来,我国社区养老服务机构和设施、社区日间照料床位数、社区全托服务床位数、年末照料和全托服务人数有了显著增长。二是加快建设社区互助型养老设施建设,即依托居委会或村委会而设立的微型五保村、五保家园、幸福院等互助型养老设施。近年来,我国社区互助型养老设施有了明显增长,但覆盖率仍处于低位。在农村养老服务供给方面:一是农村特困人员供养服务机构,它是为农村特困人员提供集中供养服务的主要阵地,在一系列政策的推动下,我国农村特困人员供养事业得到了迅猛发展;二是互助型养老服务,具有代表性的包括邻里互助养老服务点模式、互助合作养老模式、集体养老金供养模式等,这些养老服务模式契合了农村老年人分散广、支付能力低等显著特点,为农村老年人提供了丰富多彩的养老服务;各地还根据实际情况,针对失地农民建立养老保险制度,有效地弥补了城镇化发展、生态文明建设产生的制度空白。

　　天津是全国的一个缩影,从天津的养老服务供给状况就可以看出全国的养老服务供给状况。按照联合国60岁以上人口占比达到10%为进入老龄化的经验标准,天津在1988年就进入了老龄化社会,比全国提前了12年。全国第七次人口普查显示,天津市老年人占比已达到21.66%,属中度老龄化。如何解决三百多万人的养老问题? 天津市委、市政府自20世纪末就开始构建"9073"养老服务体系,即90%的老年人居家养老,7%的老年人社区养老,3%的老年人机构养老。为了增加社区居家养老服务供给,天津通过民心工程着力解决群众最关心、最直接、最现实的利益问题,其中,"加快养老服务设施建设""完善养老服务"自2010年开始连续13年列入天津20项民心工程。在养老服务发展过程中,天津出台和实施了一系列支持政策,包括财政补贴政策(居家养老服务补贴、护理补贴)、医养结合政策等,以有效提升养老服务供给水平。在一系列支持政策的作用下,天津各类基本养老保险基金发展良好,参保人数和基金结余数都有了明显增长,养老服务机构数量明显增加。另外,天津市民政局、质量技术监督等部门还制定和出台了一系列养老服务标准,用以规范和提升区域内各类养老服务机构的养老服务质量,也为政府采购公共服务、监督服务质量提供了基本依据。在社区居家养老服务方面,天津市依托社区发挥党群服务中心的功能,做实做细社区居家养老,包括兴建日间照料中心,提升养老服务水平;完善社区基础设施建设,方便老年人生活;加强养老服务组织指导,增强社区养老服务动力;开展智慧养老体系建设,助力社区居家养老;建设老年食堂和配餐中心,完善养老助餐服务;开展文化娱乐活动,实现"老有所乐";实施特殊老年人适老化改造,改善居家养老环境;扎实做好老年人新冠肺炎疫情防控工作。另外,天津还重视其他类型的养老服务供给工作,包括妥善做好国企退休人员社会化管理工作,促进京津冀养老服务协同发展、发放社保补贴促进就业困难人员实现自主创业和灵活就业等方面,着力弥补养老服务空白,实现养老服务"一个都不能少"。

综上,"十三五"以来,国家和地方着力完善养老服务体系,养老服务供给水平有了显著提升,然而总体上还呈现出发展不平衡、不充分的现象。不平衡表现在各类人群享受到的养老服务保障水平存在明显差异,比如,城镇居民和农村居民、企业退休人员和机关事业单位退休人员之间存在较大差异。不充分表现在,虽然我国基本养老服务覆盖10亿人群,但是养老保障水平相对较低、医养结合尚不完善。养老事业发展的不平衡不充分现象影响了老年人追求美好生活的需要。

增加养老服务供给面临着较多难点。

其一,养老保险制度亟须完善。一是基本养老保险供需矛盾突出。以2019年为例,在城镇职工基本养老保险方面有10个省市区出现了年度亏损;城乡居民养老保险,上海和浙江分别出现1.0亿元和2.5亿元的年度亏损。二是险种发展不平衡。第一支柱基本养老保险的覆盖人群广,"一枝独大"特征明显;第二支柱企业年金发展缓慢,覆盖面相对较小;推动第三支柱商业养老保险建设迫在眉睫。

其二,养老事业发展不充分,表现在投资方式不当导致养老基金不断缩水;企业年金投资尚需进一步规范;财税支持政策亟须更新;养老补贴覆盖面相对狭窄,多数老人无法享受;养老护工队伍短缺,居家养老无法做大做强。以天津市为例,社区养老建设存在诸多障碍性因素,包括资金紧张、基础设施亟待改造、医养结合亟待加强、人手不足、技能欠缺、配套设施不健全等方面。

习近平总书记多次指出,人民对美好生活的向往就是我们的奋斗目标。党的十八届五中全会提出:"增加公共服务供给",十九届五中全会明确提出:"实施积极应对人口老龄化国家战略",都很好地体现了以人民为中心的发展思想。增加养老服务供给需要构建金融体制、财税体制和行政管理体制"三位一体"的政策支撑体系。

其一,深化金融体制改革,为增加养老服务供给提供持续资金保障。一是设立国家养老金银行,在养老保险领域内,直接或间接地从事基本养老基金的政策性融资活动,做大养老基金规模。二是依托全国社会保障基金理事会等机构,安全稳妥地运用股市、债券等资本工具提高养老金运营收益,避免养老金逐步缩水的悲剧。三是扩大养老基金针对基础设施、房地产类资产、高新技术产业、绿色产业的实体投资渠道,实现养老金投资的长期稳定收益。

其二,深化财税体制改革,为增加养老公共服务供给提供强劲的动力保障。一是科学划分养老具体事权,完善政府共同分担机制,中央政府负责推动养老金全国统筹,做大全国社会保障基金规模,扎实推进划转中央企业国有资本充实养老基金,加大中央财政对地方的养老公共服务转移支付;省、市、县级政府加快划转地方国有企业资本充实养老金,加大城市养老服务体系建设投入,推进服务人员队伍建设;乡镇政府负责加大农村养老公共服务体系建设投入,实施养老扶贫结合计划。二是深化财税体制改革,完善养老服务支持机制。进一步完善税收支持政策,完善企业所得税和个人所得税制度,做强做大企业年金;积极探索个人所得税递延型养老保险;研究开征社会保障税。三是扎实推进全国统筹,调节地区基金余缺。四是完善合理调整机制,保证基金持续增长。五是做大养老资金储备,增强服务供给能力。六是促进财税优惠政策落地,降低养老机构运营成本。

其三,深化行政管理体制改革,为增加养老公共服务供给提供体制机制保障。一是加强养老服务标准体系建设,完善政府购买养老服务政策。二是深化养老服务人才工作机制,健全服务人才培养评价激励制度,包括扩大老年教育资源供给,建立完善考核与职业资格认证制度,多部门联动完善支持政策,加大养老政策宣传以增强养老服务业的从业意愿等方面。三是下沉医疗资源,推进医养结合。四是妥善推进延迟退休政策,研究对冲长寿风险的路径,增强养老服务业的从业意愿。

"莫道桑榆晚,人间重晚晴。"为了老年人的美好生活需要,国家第十四个五年规划和2035年远景目标纲要提出实施积极应对人口老龄化国家战略,已就完善养老服务体系做出部署。我们相信,在以习近平同志为核心的党中央坚强有力的领导下,中国特色社会主义新时代,老有所养、老有所依、老有所为、老有所乐的老年友好型社会一定会建成。

李 勇

2022 年 2 月 22 日

目　录

第一章
相关概念与理论依据

一、相关概念

　　2021 年 5 月 11 日,我国第七次人口普查数据公布,全国人口①共 141178 万人,人口总量中,60 岁及以上人口为 26402 万人,占 18.70%,其中 65 岁及以上人口为 19064 万人,占 13.50%。与 2010 年相比,60 岁及以上人口的比重上升 5.44 个百分点,其中 65 岁及以上人口比重上升 4.63 个百分点。由此可见,我国人口老龄化程度进一步加深,未来一段时间将持续面临人口长期均衡发展以及如何应对人口老龄化的压力。

　　随着我国人口老龄化程度的快速加深,势必会带来现在及将来均要面对的难题——城乡居民如何养老问题,这也是当前政府、社会、家庭及个人都在关注的焦点,加上受人口流动日益频繁,以及住房条件改善年轻人婚后

---

　　① 指我国大陆 31 个省、自治区、直辖市和现役军人的人口,不包括居住在 31 个省、自治区、直辖市的港澳台居民和外籍人员。

独立居住等因素的影响,我国平均每个家庭户人口由 2010 年第六次人口普查时的 3.10 人减少至 2020 年第七次人口普查时的 2.62 人,家庭规模不断趋于小型化使得家庭功能不断弱化,即传统的家庭养老模式在弱化,单纯依靠家庭的居家养老显然已经难以满足当下的养老需求,多元化的养老服务需求越来越被提上日程,养老服务迫切需要养老模式的不断创新,更需要政府通过顶层设计及相应的制度化管理来应对养老需求的变化,而养老服务需求也随着社会主要矛盾的变化相应地发生着变化,不再只是单一的衣、食、住、行需求,其内涵及外延都发生了显著变化,如何应对快速老龄化的养老服务,满足不断增长中的养老服务需求,是当下亟须解决的一大难题。养老服务也成为学术研究的焦点之一,因此,对养老服务已有的概念进行界定、准确把握养老服务的内涵及外延至关重要。

(一)人口老龄化

老龄人口指的是进入到老年阶段的人口。概念上的"老龄化"包含两层含义:个体的老化和整个人口群体的老化。"当老年人在人口中所占的比例增大时,称之为人口老龄化。"[①]《中华人民共和国老年人权益保障法》第二条规定,"本法所称老年人是指 60 周岁以上的公民"。对于"老年人"的界定,国内外专家学者持有不同观点,主要的观点认为"老年人"的界定是根据客观需要而变化的,与一个国家经济社会发展、预期寿命等关系密切。通常以 60 岁或 65 岁老年人占总人口的比重来确定一个国家或地区是否进入了老龄化(或老龄)社会。人口老龄化是一个国家或地区经济社会发展到一定阶段的产物,也是社会进步的大趋势。

---

① 联合国人口委员会《多种文字人口学词典》。

关于人口老龄化,国际上的界定标准:一是源于1956年联合国所发布的《人口老龄化及其社会经济后果》一书,书中提出,一个国家或地区65岁及以上老年人口数量占总人口比例超过7%时,则意味着这个国家或地区进入老龄化社会;二是1982年维也纳老龄问题世界大会确定当60岁及以上老年人口占总人口比例超过10%,意味着这个国家或地区进入老龄化社会。

人口是一个综合了许多种社会关系的总体概念,是具有许多规定和关系的总和。而人口结构是以不同的标准对人口进行分类的结果,通常用百分比来表示,包括性别、年龄、民族、婚姻、职业、居住地等多种不同的标准,就其性质而言,自然、社会及空间结构是最普遍的划分。在人口所有的结构因素中,年龄及性别是两大最关键、最重要的因素,这就意味着,年龄结构与性别结构给人口结构造成的影响最为明显。人口年龄结构也就是通常所说的人口年龄构成,是指一定时间、一定地区每个不同年龄组人口在总人口中所占比重。从1864年法国率先步入老龄化社会,至20世纪六七十年代,几乎所有的发达国家都已经进入老龄化社会,且逐渐进入深度老龄化。我国虽然仍然是发展中国家,但按照国家统计局发布的《中国2000年人口普查资料》中的数据显示,2000年我国60岁及以上人口占总人口的比重为10.45%,65岁及以上人口占总人口的比重为7.09%。从该指标可以知道,我国已经在2000年正式进入老龄化社会。人口年龄结构问题已经成为影响经济社会发展的重要因素,更是学界关注的重点。

关于人口老龄化态势监测指标,已有的研究观点如下:潘纪一、朱国宏(1992)在《世界人口通论》一书中,将人口老龄化指标分为五个,分别是少儿人口比例、老年人口比例、老少比(老化指数)、年龄中位数、人口抚养比。田雪原(2004)在《人口学》一书中提出能够反映人口年龄结构的指标,主要是老年人口比例、少年系数、老少比、年龄中位数这四个指标。将老年人口比例概念界定为65岁及以上老年人口数量在总人口中所占百分比;少年系数概念界定为 14 岁及以下人口总数在总人口中所占百分比,也就是指少年儿童人口占比;老少比概念界定为 65 岁及以上老年人口总数与 14 岁及以下人口总数的比;年龄中位数为将总人口划分为人数相等两部分的那个年龄。刘铮(1986)在《人口学辞典》一书中,通过对年龄构成类型的划分,指出年老型人口是指总人口中年龄较大的人口高于一定比例时的人口年龄构成类型。用来区分人口年龄构成类型的指标有:老年人口比例,少年儿童系数,老少比,平均年龄,年龄中位数等。如果老年人口比例在 10% 以上,而少年儿童系数在 30% 以下,那么老少比就在 30% 以上,年龄中位数达到 30 岁以上就属于年老型人口。同时认为应区分老年人口与人口老龄化,因此在注重结构性指标的同时,需要关注变动性指标。中国统计年鉴中对年龄结构的划分为三个部分,分别是 0~14 岁,15~64 岁,65 岁及以上,并有社会抚养比、少年儿童抚养比、老年人口抚养比等相关指标。综上所述,衡量人口老龄化的指标基本上可以划分为三大类:衡量人口老龄化程度的指标;衡量人口老龄化速度的指标;衡量人口抚养比,即人口负担系数的指标。

老龄化已经成为我国的基本国情。人口老龄化对经济社会影响巨大,不仅如此,快速发展的老龄化不仅造成劳动力结构及消费结构等诸多变化,影响着经济发展,同时,更加值得关注的是,近年来,我国老龄化与少子化、家庭规模逐渐小型化等因素叠加,传统的家庭养老功能越发弱化,难以满足养老需求,对多元化的社会养老服务需求与日俱增,养老问题已经成为当下亟须解决的社会问题。党的十九届五中全会明确提出,"全面推进健康中国建设,实施积极应对人口老龄化国家战略,加强和创新社会治理"。以更加积极的态度、有为的举措应对人口老龄化。大力发展养老服务正是积极应对人口老龄化国家战略的现实回应。

（二）养老需求

当前，养老已经成为世界性难题。在欠发达国家，养老问题尚未正式起步，在发展中国家，养老问题也欠账较多，整体上来说，养老水平整体不高，而西方发达国家早已率先老龄化，西方发达国家，即便是高福利的北欧国家，养老难题也未能真正破解，因此，北欧国家对于老年人的养老服务需求比较重视。对养老问题的研究相对比较全面。从西方学者的研究中可以发现，大多数老年人的养老需求不仅需要家庭成员支持，还需要邻里间及社会机构等的支持。苏珊·席勒、乔治亚·巴罗（Sussan Hillier、Georgia M. Barrow，1999）认为，大多数老年人比较依赖家庭养老，他们更愿意和子女等家庭成员居住在一起；除了家庭之外，老年人养老还需要邻里之间和朋友间的互相支持、照顾。亚连·沃克（Allen Walker，2000）等学者认为，随着家庭养老功能的不断弱化，为老年人提供养老的家庭成员的负担也日益增加，而邻里和朋友间照顾又多有不便，客观上就需要外部支持系统——社会服务机构等提供养老服务以支持老年人养老，由此形成一个比较完整的外部照顾体系，以此来支持老年人的精神慰藉需求。当前，对于养老服务需求的研究大体集中在两个方面，一是对于需求范围的划分；二是对于养老需求的某一方面以及对于特定的老年群体需求的研究，如对失能老年人及城市空巢老年人的研究等。相对而言，对普通的养老群体需求的研究还比较少。而对于"养老需求"概念，也没有统一的观点，相关研究文献中也很少有对养老需求概念进行直接界定的。

多亚尔和高夫（Doyal、Gough，1991）提出的"人类需求理论"，这一理论分别从理论层面和实践层面对需求进行划分，具体而言，主要包含四个方面，一是从人的身体健康以及个人自主性两个方面来考察基本需要；二是从生产、再生产、文化传输及政治权威等四个用于满足上一个需求的社会条件层面进行划分;三是从个人的自由和权利角度来分析需求;四是将以上这些基本需求满足最大化的理论。克莱顿(Clayton,1983)认为,"需求"和"福利需求"的主要区别在于,"需求"是通过市场及家庭两个途径来满足个体需要;而"福利需求"是通过社会福利机构介入政治力量,为有需要的个体及家庭提供各种福利资源,这是基于市场和家庭均不能满足的情况下产生的向社会福利机构提出的需求。有国外学者把养老需求归纳为"3M",一是"Money",是指物质方面的需求或者经济上的保障;二是"Medical",也叫医疗保障;三是"Mental",是指精神慰藉及心理满足等方面的精神需求。英国经济学家威廉·贝弗里奇(William Beveridge,1942)在其著作中指出,退休的老年人有医疗、丧葬补助金以及退休休养金或者工伤养老金等三方面的保障需求。福德(Forder,1974)认为,老年人需求涵盖了健康需求、经济需求、居住需求以及心理和社会需求等四个方面。格拉斯曼(Glassman,2004)等认为:对老年人需求有影响的因素包括年龄、性别、收入、居住状况、身体健康状况及家庭成员支持状况等。此外,查理斯(D. J. Challis,1997)关注的则是社会隔离和寂寞感对老年人需求的影响。

国内学者关于养老需求的研究主要集中在以下方面:

周伟文(2001)等认为,城市老年群体的需求主要包括——经济需求、精神慰藉和亲情需求、健康需求、文化生活需求以及组织活动和社会交往需求等多方面,按照主次排列顺序为医疗与健康照顾、文化生活与精神慰藉、日常生活照料及经济需求等,而改善社区老人医疗条件和增加文化活动场所成为老年人最普遍和最迫切的要求。刘晓雄(2003)认为,人的需要可以按不同标准进行划分,按照需要的起源可分为自然性需要和社会性需要,自然性需要是指衣食住行等人的各方面的生理需要,相较于自然性需要,社会性需要是更高层次的需要——即社会交往、情感等方面的精神需要。吕新萍

（2004）认为，养老院老年人比较关注住房结构、饮食、精神与心理等方面的需求，而这些将影响我国养老机构的改革。刘颂（2004）通过调查研究发现，老年群体的精神需求主要包含三个方面，一是生活安全需求，既是老年群体最突出的精神需求，同时也是老年群体第一位的需求；二是社会尊重需求，既是老年群体的第二位的精神需求，也是最为敏感的需求；三是行为意义需求，这种需求主要源于老年人社会角色发生的变化，渴望退休后依然能够实现自身的价值，为社会做贡献，得到社会的认可。邬沧萍、姜向群（2006）认为，社会支持不能完全满足老年人的心理和生理的衰退和精神的缺失，但老年人可以通过自我选择、完善和补偿等方式弥补自己的需求，社会也应从提高老年人精神养老服务的角度出发，为老年人补偿主观条件的缺失，从而让他们享受更高层次的需求，保持健康积极的生活状态。黄艺红、刘海涌（2006）认为，城市老年人需求类型包括：健康需求、精神文化活动需求、日常物质生活需求、精神慰藉需求、社会交往需求、获得尊重的需求以及自我实现的需求等七个方面，而健康需求是老年人最关心最迫切的需求。赵迎旭（2007）认为，随着人口老龄化的加剧，老年人对医疗康复和精神文化的需求将日益增加。张河川，岑晓钰（2009）认为，机构组老年人对健康医疗和学习娱乐的需求，对社会保障、机构服务质量以及社会尊老的期望均显著高于居家组老年人。汪波（2016）认为，老年人的养老需求分布呈三个阶梯状，一是高度需求区，即基本生理需求，也是首先要满足的需求；二是中度需求区，即精神需求，也是老年人的基本生理需求被满足之后开始呈现的需求；三是低度需求区，即社会服务需求，也是在实践中相对较低的需求。张娜（2018）认为，养老需求是人进入老龄阶段后，产生的特殊需求，是基于其在生理、心理、经济、文化和社会层面上的缺失。吴芳、冯冬燕（2018）认为，城市空巢老人社区养老服务按照需求程度依次由高到低排序为：医疗保健、精神慰藉、生活照料及信息咨询，但总体来说，需求程度都不是很高。丁建定（2019）认为,养老服务对象的基本需求包含收入需求和服务需求。收入需求是为老年人提供收入上的保障,主要依靠养老、医疗保险及老年津贴等。李霞(2019)认为,按照需求层次理论,农村老年人的需求由低层次到高层次依次为经济需求、日常生活照料需求、医疗需求及精神需求。

综上可知,养老需求内容既包含传统的日常生活照料、医疗保健,也包含更高层次的文化娱乐、精神慰藉、社会参与甚至于法律维权等多个方面的需求。而不同的老年人因个体差异及条件限制而对养老需求不同,养老需求呈多样化、多元化特征。

第一,日常生活照料需求。这是属于老年人的最基本的需求。所谓日常照料需求,是指日常基本活动中老年人面临困难时获得帮助的需要。而日常基本活动的范畴广泛,主要包括穿衣、吃饭、洗澡、刷牙、上厕所、大小便及上下楼等诸多的日常活动,老年人到了一定年龄,基于个体的身体原因等因素限制,难以依靠自身能力完成这些日常基本活动,这就自然地产生了日常照料需求。老年人身体状况不同,对该类"照料"的需求程度也不同,生活能够自理的老年人、半自理的老年人以及完全不能自理的老年人所需照料程度分别为偶尔的照料、经常性照料和总是需要照料。这就需要养老服务提供多元化、多层级的服务供给。

第二,医疗保健需求。这是属于医疗机构所提供的医疗服务的需求。此类需求不仅是老年人的需求,应该说是各个年龄段的群体都有的需求,对于老年人而言,老年人对此类需求的量更大、种类也更加"繁杂",且需求比较集中,持续时间也比较长,这是因为老年人随着年龄的增长,身体机能在不断衰退。医疗保健需求,一方面是源于在老年人生病时及时需要采取措施,通过及时的医疗服务缓解或解除病痛;另一方面,这类需求源于老年人对预防保健的渴望。

第三,文化娱乐和精神慰藉需求。这是在前两个需求基础之上的更高层次的需求,也可以称为需求的"扩张"。这是随着社会经济的发展,在人们生活水平不断提高的基础上对生活高质量的追求——精神方面的追求及享受,老年人活动中心、活动团体、日常对老年人的关心、节日的祝福等都属于此类需求。

第四,社会参与需求。这是基于老年人对自身价值的认可的需求。从老年人的实际情况来看,老年人希望有机会再次服务社会,参加社会活动,得到认可。社会也应该为有能力的老年人提供这样的机会——参加各种活动团体、加入志愿者队伍、参与社区活动等多种形式都可以满足这种需求。

(三)养老模式

当前我国的基本养老模式分别是居家养老、机构养老及社区养老,我国传统意义上的养老以居家养老为主,但随着老龄化的快速加深、家庭结构规模逐渐小型化,"421"式家庭结构越来越普遍,空巢家庭不断增加,家庭养老功能不断弱化。因此,在国家政策大力支持下,目前我国已经形成了以居家养老为主,社区为依托、机构为支撑的养老服务体系。我国主要推行的是"9073"养老格局,即大多数老年人都是居家或者社区养老——90%的老年人通过自我照顾或者社会化服务实现居家养老,而7%的老年人依托社区组织提供的专业化服务实现社区支持养老,只有约3%的老年人通过入住养老服务机构实现集中养老。

1.居家养老模式

不同于家庭养老,居家养老是一种新型社会化养老模式,是政府和社会力量依托于社区,为居家的老年人提供生活照料、康复护理及精神慰藉等以解决日常生活困难为主要内容的社会化养老服务。与家庭养老不同,居家养老服务提供的主体是依托于社区所建立起来的社会化的养老服务体系,可以是社区、居家养老服务机构、老年公寓、托老所的医疗保健、护理、家政服务等人员及志愿者,主要以上门服务为主。

这种养老模式所提供的服务视情况而定,因老年人年龄、身体状况及自理能力等情况而不同,对身体状况较好、生活基本能自理的老年人,提供家庭服务、老年食堂、法律服务等服务;对生活不能自理的高龄、独居、失能等老年人提供家务劳动、家庭保健、辅具配置、送饭上门、无障碍改造、紧急呼叫和安全援助等服务。① 居家养老是以家庭为中心,以社区为依托,以专业机构服务为支撑,是对传统家庭养老的补充与完善,是我国发展社区服务、建立养老服务体系的一项重要内容。居家养老主要是利用家庭既有的资源和设施,有机地将居家和社会化服务进行结合,其特点在于,提供的养老服务依托于原生家庭,既是对家庭养老这种传统模式的补充和完善,也是符合中国人养老习惯的一种自由度较高且投入较低的比较经济的养老模式,这使得老年人既能生活在自己熟悉的环境中,又能获得适当的生活及精神照护。一般来说,无须进行其他基础设施建设,还能够最大限度地节约社会有限资源,这种养老模式的可操作性较强,是我国目前最主要的养老模式。

2. 机构养老模式

机构养老是指老年人在支付一定费用后,在养老院、老年公寓、护理院等机构安度晚年的一种养老模式。机构养老的优点在于老年人可以集中到养老服务机构养老,集中管理的特性使得老年人能够得到更专业化的护理和照护,机构养老是以有偿的方式获得养老服务机构提供的生活照料、医疗保健、康复、文化娱乐、精神支持等方面的服务。我国早期的机构养老是源于 20 世纪 50 年代后期,政府通过举办养老服务机构为城镇"三无"人员及农村"五保"人员所提供的含基本生活、医疗保健等服务在内的综合养老保

---

① 李卿. 全国养老政策概览[M]. 北京:光明日报出版社. 2014:23.

障。在城镇有福利院,主要是收养城市的三无老年人(无法定赡养、扶养、抚养义务人,无劳动能力,无生活来源);在农村有敬老院,集中供养五保户(保吃、穿、住、医、葬五个方面保障)。随着改革开放,我国福利制度的不断变化,养老服务机构所提供的养老服务范畴进一步扩展,提供的服务更加专业化和精细化,不仅包含住宿、日常生活照护、医疗保健等常规服务,还包含文化娱乐、精神支持等更高层次的养老服务,养老服务更加多元化。机构养老的对象也在不断扩大,逐渐扩展为需要进入机构进行养老的所有老年人,优先服务于高龄、失能、半失能、失智的老年人,其资金来源,也从过去单一的财政资金,扩展为既包含财政资金,也包含企事业单位捐赠等。

机构养老是指国家、社会组织和个人通过举办养老机构,为老年人提供生活照料、康复护理等专业化养老服务,是养老服务体系重要的组成部分,对养老服务起着重要的支撑作用。机构养老所提供的服务、形成的规范及评价标准等都对居家及社区养老起着示范及辐射作用,这种养老模式主要以设施建设为重点,通过设施建设实现基本养老服务功能。养老服务设施建设包括老年养护机构和其他类型的养老服务机构。老年养护机构主要为失能、半失能的老年人提供专门服务,重点实现以下功能:一是生活照料。设施应符合无障碍建设要求,配置必要的附属功能用房,满足老年人的穿衣、吃饭、如厕、洗澡、室内外活动等日常生活需求。二是康复护理。具备开展康复、护理和应急处置工作的设施条件,并配备相应的康复器材,帮助老年人在一定程度上恢复生理功能或减缓部分生理功能的衰退。三是紧急救援。具备为老年人提供突发性疾病和其他紧急情况的应急处置救援服务能力,使老年人能够得到及时有效的救援。鼓励在老年养护机构中设置医疗机构。符合条件的老年养护机构还应利用自身的资源优势,培训和指导社区养老服务组织和人员,提供居家养老服务,实现示范、辐射、带动作用。其他类型的养老服务机构可根据自身特点,为不同类型的老年人提供集中照料等服务。

3. 社区养老模式

随着老龄化程度的不断加深、社会结构及家庭结构的深刻变化,使得传统的家庭养老和机构养老已经难以应对迅猛的"白发浪潮",家庭及政府都难以承受养老带来的巨大压力,同时也考验着政府社会管理及公共服务水平。一种相对而言比较新型的养老模式——"社区养老"应运而生,社区养老服务就是通过政府扶持、社会参与、市场运作,逐步建立以家庭为核心,以社区服务为依托,依靠社区,以专业化服务机构为载体,向居家老人提供以生活照料、医疗保健、精神慰藉、文化娱乐等为主要内容的服务,可以是上门服务、日托,甚至于邻里互助等多种服务形式。这种模式是主要将家庭与社会养老两者有机结合,更多关注老年人的精神生活、娱乐生活,社区养老模式构成养老服务的重要根基。《社会养老服务体系建设规划(2011—2015年)》已经明确提出社区养老服务的两类功能——社区日间照料和居家养老支持,主要面向家庭日间暂时无人或者无力照护的社区老年人提供服务,并强调社区养老服务是居家养老服务的重要支撑,社区养老模式也是居家养老模式的补充和发展。2019 年民政部印发《关于进一步扩大养老服务供给促进养老服务消费的实施意见》,明确要求要扩大养老服务供给,促进养老服务消费,有效满足老年人多样化多层次养老服务需求,在优化养老服务供给方面,特别强调,要"大力发展城市社区养老服务",到 2022 年力争所有街道至少建一个具备综合功能的社区养老服务机构,有条件的乡镇也要积极建设具备综合功能的社区养老服务机构,社区日间照料机构覆盖率达到90%以上;探索设立"家庭照护床位",完善相关服务、管理、技术等规范以及建设和运营政策,健全上门照护的服务标准。社区养老模式的核心仍然是"以家庭养老为主"、以"社区机构养老为辅"的整合社会各方力量的养老模式。其特点在于老年人仍然住在自己家里,既不用离开家人,又可以享受由社区相关养老服务机构或人员专门为老年人提供的上门服务或托老服务。社区养老不同于家庭养老,其优势在于在这种养老模式下,选择服务的老年人不需要离开自己熟悉的社区居住环境,甚至于不需要改变日常生活习惯。这种模式更强调社区中的居家养老,是将机构养老中的各种服务引入社区而实现的一种养老方式。这种新型养老模式是为顺应老龄化大趋势,社会需要、老年人心理需求以及家庭经济方面条件限制而形成的,已经成为我国目前三大养老模式之一。

(四)养老公共服务

1.公共服务概念及特征

(1)公共服务概念

"公共服务(public service)"一词属于舶来词汇,源于行政学,其概念由法国公法学派代表莱昂·狄骥于 1912 年最早提出,[①]他对"公共服务"概念从公法的角度进行了界定,其内涵更偏重于法制的核心作用,并指出政府是传统公共服务的唯一合法主体。[②] 提出"任何因其与社会团结的实现与促进不可分割、而必须由政府加以控制和规范的活动就是一项公共服务,只要它具有除非通过政府干预,否则便不能得到保障的特征"[③]。1919 年,瑞典经济学家林达尔提出了"公共物品"概念,此后,"公共服务"概念也随着"公共物品"概念的不断演进得以发展和深化。

公共服务的含义是非常广泛的,之所以为大家所熟知,取决于公共经济

---

① 李军鹏.公共服务学政府公共服务的理论与实践[M].北京:国家行政学院出版社.2007;32.
② 陈振明等.公共服务导论[M].北京大学出版社.2011;31.
③ [法]莱昂·狄骥(Leon Duguit).公法的变迁法律与国家[M].郑戈,冷静译.沈阳:春风文艺出版社;沈阳:辽海出版社.1999;53.

学的快速发展,自 20 世纪 50 年代开始,经济学家就已经开始关注物品的属性,并在此基础上来界定"公共服务"的概念。其中著名经济学家萨缪尔森将公共服务职能分为政府的稳定职能、效率职能和平等职能。

公共服务由"公共"和"服务"二词构成,"公共"是指"公有的、共有的"。从公共服务的内涵来看,公共服务是指政府为满足社会公共需要而提供的产品和服务的总称。① 在公共服务不断地理论研究和实践发展中,已经形成了一系列成熟的理论。从其发展的历史来看,这些理论形成过程也是不断扬弃的过程。尽管我国的公共服务实践远远先于概念而存在,但公共服务在我国的发展相对比较滞后,对公共服务的研究我国尚处于初级阶段,就目前的研究来看,公共服务概念和内涵还没有形成统一的认识,主要观点有以下五种。

第一,以物品特性来解释公共服务。这是从物品的特性来界定公共服务的概念。这种观点认为公共服务即是提供公共产品,其思维逻辑对我国学者关于"公共服务"概念的认知产生了重大影响。王锋、陶学荣(2005)认为,一般来说,公共服务属于公共物品范畴,因此具有公共物品的两个基本特性——消费的非竞争性及非排他性。即一个人对公共服务的消费不会妨碍其他人对同一服务的消费,并难以或不必用市场价格系统把不付费的人排斥在享受公共服务带来的利益之外。政府提供的公共物品主要有纯公共物品和准公共物品。具体可以分为三类。第一类是具有非竞争性和非排他性的服务,如国防服务、公共安全服务等。第二类是非竞争性和非排他性弱的服务,包括邮政、电信、民航、铁路、水电气服务等。第三类是非竞争性和非排他性强的服务,包括公共环境服务(如垃圾处理、公园、道路管理、公共卫生、气象服务),公共科教(基础教育、基础研究等),文体事业(如公共体育

---

① 李军鹏.公共服务学政府公共服务的理论与实践[M].北京:国家行政学院出版社.2007:2.

馆、图书馆、博物馆服务），公共医疗，公共交通以及社会保障等。[1] 陈昌盛、蔡跃洲（2007）认为，从范围上看，公共服务既包括通常所说的公共产品（具有非竞争性和非排他性的物品），也包括市场上供应不足的产品及服务。

第二，从公共服务目标及判定标准上来解释。随着公共管理与公共服务理论的发展，一些学者突破了以物品特性解释公共服务的逻辑，开始从公共服务目标和判断公共服务的标准方面来思考公共服务概念的内涵。柏良泽（2007）认为，"政府提供物品的根据是对公共利益的判断，公共利益才是判断公共服务的内在依据，物品只有与公共利益相联系才具有公共服务的特性，任何物品都可以作为公共服务的内容被政府提供"[2]。王名扬（1988）认为，"公共服务是指行政主体为了直接满足公共利益的需求而从事的活动，以及私人在行政主体的控制下，为了完成行政主体所规定的任务而从事的满足公共利益需要的活动"，"这种活动的特点是满足公共利益的需要"。[3]

第三，从公共服务特性的角度来界定。这是根据服务的特性来界定公共服务，李朝祥（2003）认为，公共服务是一个有着特定含义的概念，它是指为社会公众提供的，基本的、非营利性的服务。①公共服务不是只为特定少数人提供的服务，而是一种大众化的服务；②公共服务是一种满足人们日常生活中基本需求的服务，属于基本服务的范畴，比如日常生活中的水、电、气、安全、教育、文化等方面的服务就属于基本服务；③公共服务既要提供水、电、气及交通工具等物质产品，也要提供安全、医疗、教育等非物质产品。因此，公共服务是一种内容广泛的服务；④公共服务还是一种低价位的非营利性的服务，以保证人们可以持续性地消费。

第四，从提供主体角度来界定公共服务概念。这种观点是从公共服务

---

① 王锋,陶学荣.政府公共服务职能的界定、问题分析及对策[J].甘肃社会科学,2005(04).

② 柏良泽.公共服务研究的逻辑和视角[J].中国人才,2007(3).

③ 王名扬.《法国行政法》[M].中国政法大学出版社,1988:480.

提供主体的角度来界定公共服务的。在"公共服务"概念由狄骥提出之时，公共服务合法的供给主体只有政府，公共服务是政府为满足社会公众的需求而提供的产品和服务。人们认为，没有公共权力及公共资源介入的服务是不能称之为公共服务的。自 20 世纪 80 年代以来，经过几十年的发展，在我国社会经济快速发展的同时，社会事务也越来越多、越来越复杂，社会公众对公共服务水平的要求也越来越高，单靠政府的能力已经难以满足人们日益增长的对公共服务的需求。在公共选择理论、新公共管理理论以及治理理论的影响下，人们开始逐渐认识到"政府的有限性"——政府并不是唯一的公共服务供给者，商业性、志愿性组织和非正式的第二、第三部门同样是不可或缺的角色，并由此提出了公共服务提供路径或供给方式的多元化模式。

当然，很多学者也特别指出，政府在公共服务供给中依然具有极为重要的作用。例如，新公共服务理论的提出者登哈特认为，公共官员日益重要的角色就是公共服务，即要帮助公民表达并满足他们共同的利益需要，而不是试图通过控制或者"掌舵"使社会朝着新的方向发展，并为公共利益承担起应有的责任。

第五，从政府职能的角度来界定。这种界定是将公共服务作为政府的基本职能之一。余世喜（2007）认为，广义上的公共服务的范围包含：公共设施、公共卫生、公共交通、公共通信、公共咨询、公共信息和公共教育等政府兴办及监督的事业。[①] 从政府职能的角度进行分析，政府提供的公共服务主要包含三个方面：其一，是政府所提供的制度供给服务，即通常所说的政府制定的需要遵守的制度框架或制度模式，其涉及内容广泛，不仅包含政治、经济、财政、法律、产权等方面的制度，还包含社会保障等方面的制度；其二，

[①] 余世喜.公共服务型政府的内涵及其基础分析[J].暨南学报（哲学社会科学版）,2007（3）.

是提供良好的公共政策服务,政府制定公共政策是为了解决或者处理公共问题,包括财政、金融、环保、社保等多个方面;其三,是提供公共产品服务。唐铁汉(2008)认为,公共服务供给既是政府公共服务职能的集中体现,也是政府职能的核心与实质。

由以上分析可知,公共服务的概念可从不同学科视角来界定,视角不同,概念的内涵和外延也不尽相同,公共服务不仅在理论上是一个综合性、跨学科的概念,同时在具体实践中更是涉及社会的各个方面,因此,公共服务是指公共部门为满足社会公共需要而提供的产品与服务的总称,是供全社会共同消费、平等享受的产品与服务。尽管世界各国对公共服务的界定和范围不完全一致,但一般来说,主要包括公共教育、公共医疗、社会保障、公共住房、公共就业服务、公共科技、公共文化、公用事业等方面的内容。

(2)公共服务特征

公共服务是为满足公共需求、实现公共利益而提供的一系列服务,其本质在于公共物品的供给。公共服务的根本特征在于以下方面。

第一,公共性。作为公共服务最基本的特质,公共性是公共服务存在的基础。公共服务是满足社会公共需要的公共产品,其所提供的内容及方式取决于公民的需要。

第二,普惠性。作为公共服务的一种特质,普惠性强调每一个公民都可以享受公共服务,这也是国家建设公共服务体系的基本原则。《世界人权公约》《经济、社会、文化权利国际公约》等人权公约和国际劳工组织的宣言、公约和建议书都规定各成员国要保障公民享有公共服务权利。

第三,公平性。公平性是公共服务最根本的特征,公共服务的提供要体现社会公平及平等的原则,公共服务是每一个公民可以平等享受的公共产品,其目的是满足社会公众的利益,让所有公民都享有平等互惠的公共服务。公共服务本身属于公共产品,不完全依赖市场进行有效配置,且不以盈利为目的,公共服务体现其共享性,其目标在于解决社会成员的基本生存、生活等问题,改善和提高公民的生活质量等。

第四,动态性。公共服务的发展是伴随着社会经济的发展水平而变化的,因此随着社会经济发展水平的不断提高,公共服务的发展及水平也呈不断扩展和提高的趋势。从公共服务的发展历史来看,经过了社会救济与社会保险、福利服务、教育服务、住房服务、卫生服务、就业服务等发展阶段。从总体上看,随着经济社会的发展进步,公共服务的层次在不断提高,从维持人的基本生存和解决贫困、温饱问题,逐步发展为提高生活质量、开发社会成员的能力、维护健康,再到谋求全体社会成员的福利最大化,这既是公共服务发展的总体趋势,也是人类社会发展的总体趋势。

2.养老服务体系

公共服务体系就是各国政府根据具体国情和经济社会发展的不同阶段的特点,对公共服务的诸多方面,如基础教育、基本医疗卫生、就业服务、社会保障、保障性住房、基础科技、公共文化、公共安全、环境保护和基础设施等进行总体建设的有机系统,也可以指其中某一方面的子系统。公共服务体系建设是一个世界性难题,是有效发挥政府作用、强化政府公共服务职能的核心问题。早在2012年,党的十八大报告就明确指出了养老服务是公共服务体系的重要组成部分,为实现"老有所养"的战略目标,满足老年人多样化、多层次的养老服务需求,必须加快养老服务的制度供给。

(1)养老公共服务

随着人口老龄化及高龄化程度的快速加深,老年人对社会公共服务的需求大幅增加,这就对养老公共服务提出了更高的要求。养老服务由"养老"及"服务"两个词语构成。养老通常是指来自外界对老年人的支持与帮助,所涉及的内容相当广泛,主要包含经济支持、生活照料、精神慰藉以及老年人生活中的其他方面的需求等所有需求。① "养老"主要包含养老经济保障和养老的服务供给两个方面,这两个方面是养老问题中的两个关键因素,也是其得以实现的根本,二者缺一不可。经济保障是"养老"实现的基础,没有经济保障做后盾,"养老"将难以为继,寸步难行;反之,仅有经济保障,没有配套的养老服务供给,则"养老"问题则成为空中楼阁。因此,养老最根本的两个因素:经济保障及服务供给都是必要的,既要有坚实的经济保障,也要有日常生活照料、精神慰藉等各方面服务的供给,才能使老年人安度晚年。

养老服务有广义及狭义之分。二者的区别在于供给的主体、内容及服务对象的不同。广义上的养老服务是指"一切为满足老年人特殊需要而提供产品和服务的总称,不仅包括家政服务、医疗护理、老年休闲娱乐、保险、老年理财、老年用品、老年教育、老年旅游、老年心理咨询、老年文化体育,还涉及养老金融、养老地产等其他服务"的综合性服务,总的来说,其涉及制度、设施、服务等多个方面,多元化、多层次的养老服务供给共同构成了我国养老服务体系。而狭义的养老服务仅仅包含为老年人提供的疾病护理、家政服务、精神慰藉等生活照料性质的少部分服务,主要指为老年人生活需要提供的直接服务部分,狭义的概念更强调政府对养老服务的供给作用,供给主体是政府,供给的客体范围比较窄,主要是那些游离于家庭和单位体系之外的"三无"老人(无法定抚养人、无劳动能力、无经济来源),这与儿童福利和残疾人福利共同构成中国特殊福利的主要内容。养老服务作为一个由"养老"和"服务"共同构成的复合词,"养老"与"服务"二者是相互限定的,从养老的角度来看,养老服务主要针对老年人维系生活所需要的协助、帮助、代理等工作,突出了养老服务的非物质性和非实物性的特征;从服务的

---

① 邬沧萍、杜鹏. 老龄社会与和谐社会[M]. 中国人口出版社,2012:442.

角度看,养老服务是具有特定目标的服务,它以养老为对象。具体而言,养老服务是为满足老年人晚年生活需要,而提供的非实物形式的各种劳动。由此可见,无论是广义上的养老公共服务,还是狭义上的养老公共服务,政府在服务供给中的作用至关重要,且供给范围广泛、形式多样,既有养老院、收容所等政府直接兴办的养老服务机构,也有利用政策引导、鼓励社会组织、民营机构等的供给以及政府购买养老公共服务等。从宏观上来看,养老公共服务涵盖政府、社会及市场为养老服务对象所提供的具有针对性的服务,不仅包括健全的法律法规政策体系、系统完备的养老保障制度,还包含丰富的物质资源以及受尊重的社会环境等;从微观上看,养老公共服务涵盖日常生活照料与帮扶、文化娱乐活动、心理疏导及养老群体的优先待遇等。养老服务是一个综合性的大系统,这一系统包含着许多相互关联的部分,各个相互关联的部分就是养老服务的系统性。社会是由无数个系统交织构成的。任何一个社会事物都是一个系统,并且处于更大的系统之中。

因此,对于养老服务的概念界定,无论是基于广义的视角还是狭义的视角,都必须特别关注养老服务的系统性特征。[①] 王石泉(2008)认为,一个国家或地区实行的养老服务政策、服务项目和内容的总和就构成了养老服务体系。其宗旨是提高老年保障水平及老年生活质量,这一体系的形成意味着服务理念的提升,服务内容的丰富,服务品质的提高及对服务管理和监督的便利。[②] 王丹(2010)认为,"养老服务体系,是指为老年群体提供服务的各种服务资源有效结合在一起,而形成的一个有目的性的功能整合有机体,体现了服务主体、服务内容、服务方式和服务对象的组合"[③]。曹煜玲(2011)认

---

① 鲁迎春.从"福利救济"到"权利保障":上海养老服务供给中的政府责任研究[D].复旦大学,2014:56.

② 王石泉.中国老年社会保障制度与服务体系的重建[M].上海社会科学院出版社,2008:99.

③ 王丹.我国居家养老服务体系构建及运营模式研究[D].云南大学,2010:12.

为,"养老服务是老年人在生活中获得的全方位服务支持的系统"①。在养老服务供给中,多层次的养老服务体系的建设是必然选择。满海霞(2012)认为,"满足老年人养老需求,必须建立多层次、多支柱的养老服务体系,其中包括养老保险、养老津贴、老年人最低生活保障等,只有在物质上得到保障,老年人才能够充分享受晚年生活,在老年人物质生活得到保障的前提下,进一步完善老年人的精神生活,包括心理慰藉、法律援助等方面"②。吕世为(2013)认为,养老服务体系是指老年人在生活中获得的全方位服务支持的系统。不仅包括家庭所能提供的服务,也包括社会、政府提供的关于服务的制度、形式、政策、机构等条件。养老服务体系作为一个复杂的系统,它所服务的对象包含全部的老年人,需要能够满足向所有老年人提供精细化、多元化、差异化的服务需求。养老服务体系的构建主要是以满足老年人基本生活需求及生活质量的提升为目标,为老年人提供基本生活照料、护理康复、精神关爱、紧急救援,与社会参与的组织、人才、设施、和技术要素形成网络,同时具有配套的服务标准、运行机制和监督制度。养老服务体系有两种分类方法,其一,是按照服务供给主体划分,可分为家庭养老、社区养老以及社会养老三种服务体系;其二,是按照老年人生活居住方式划分,可分为居家养老服务和机构养老服务。养老服务体系的完善程度关乎对老年群体提供的各项服务健全与否,也关乎老年群体的生活质量如何。随着我国社会经济的快速发展,我国综合国力的显著提升,人均可支配收入水平也大幅提升,从整体来看,人民生活水平已经显著提高,我们也已经在中华大地上全面建成小康社会。随着我国社会主要矛盾的转变,人民日益增长的美好生活需要和不平衡不充分的发展之间的矛盾成为我们聚焦的焦点。显然,老

① 曹煜玲.中国城市养老服务体系研究[D].东北财经大学,2011:56.
② 满海霞.我国养老公共服务供给分析[D].吉林大学,2012:3.

年人的生活质量随着总体发展水平也在不断提升,老年群体对养老服务的需求层次、需求水平、服务内容等都发生了显著变化,单一的物质生活已经难以满足老年人的多层次的养老需求。因此,养老服务供给及养老服务体系的构建,就要锚定老年人多元化、多层次的需求,深化养老服务的供给侧改革,针对不同老年群体需求提供不同的服务。对于收入比较高或者家庭条件比较优越的老年人,除了基本的养老服务需求外,对于精神慰藉以及文化娱乐等方面的需求也比较注重,而对于收入比较低,甚至没有收入来源的老年群体,则需要政府从政策上给予一定的生活保障。老年群体的层次不同,相应地,对于精神层面以及物质层面的养老服务需求也大不相同,这就要求养老服务体系能够提供多方位、多层次的服务。

(2)养老公共服务供给的主体

养老公共服务供给的主体既可以是政府及社会组织等官方机构,也可以是企业等民办机构。政府养老责任的重要方面就是要提供养老公共服务。养老公共服务,从其属性来看,应更强调公益性;从本质上讲,养老公共服务应该是不以营利为目的的专业的社会服务,属于老年社会福利范畴。养老公共服务的发展中,更多地倡导要形成以政府为主导,鼓励并引导社会化力量积极参与其中,谋求共同发展,以形成多层次、多元化的养老服务供给。所包含的社会力量除了企业外,还包含民间组织及中介组织等,这些组织通过市场化机制运作参与到养老服务领域,不同的社会组织参与到养老服务供给中,各自的服务对象不同。养老公共服务供给要锚定老年群体的养老需求,涉及的内容及范围极为广泛,充分体现了其社会化及普及化的性质。

3.养老公共服务的分类

养老公共服务通常可以划分为两大类,一类是基本养老服务,另一类是非基本养老服务。基本养老服务是为满足所有养老群体的基本生活需要而提供的服务,主要有基本生活照料、精神关爱、基本必要的生活补助及医疗保障等,这类服务的建立实施属于政府责任,通常以提供基本或中等条件服务为准,基本养老服务属于福利性服务,这是最根本的保障性服务——是政府针对生活困难的老年人所提供的服务。非基本养老服务是为养老群体提供不属于基本养老服务范围的其他养老服务,包括医护、保健、文化娱乐、就业与再就业、教育等更高层次、更高水平、更多元化的服务。非基本养老服务是指社会提供的非营利性养老服务和市场化养老服务,旨在满足占总人口大多数的中低层家庭和老年群体的服务需求,对维护社会稳定和谐,实现社会财富再分配具有重要作用。按照现阶段经济发展水平,政府重点和优先发展的是基本养老服务。

4.养老服务内容的层次

养老服务内容几乎涉及了老年人各个层次的需求。按照马斯洛的需求层次理论,通常情况把人的需求分为生理需求、安全需求、社交需求、尊重需求及自我实现需求等五个层次。与之相一致,老年人的养老服务内容也分为五个层次。第一个层次是为满足老年人衣、食、住、行、医等多方面生理需要而提供的养老服务。主要是涉及老年人穿衣、吃饭、喂饭、出行陪伴及陪同就医等养老服务中最基本的服务。第二个层次是为满足老年人安全需要而提供的养老服务。安全服务又具体分为生理安全及心理安全,出行安全服务、人身安全服务、无障碍设施建设等属于为满足老年人生理安全提供的服务;心理疏导、精神慰藉等属于为满足老年人心理安全而提供的服务。第三个层次是为满足老年人社交需求而提供的服务,也是为满足老年人归属和爱的需求所提供的服务。老年大学、老年兴趣小组、老年社团组织的建设等都属于为满足老年人社交需求而提供的服务。第四个层次是为满足老年人尊重需求而提供的服务。此类服务既可以单独提供,也可以存在于其他服务之中,其目的在于消除年龄歧视、肯定老年人价值、弘扬尊老、爱老、敬老风尚等,举办老年人节、举办尊老、爱老、敬老专题服务等都属于这一层次。第五个层次是为满足老年人自我实现需求而提供的服务,为老年人发挥"余热"、实现自身价值所提供的工作岗位及参与活动的机会等属于这一层次的服务。

按照需求层次设计和供给的养老服务也体现了养老服务的层次性,层次不同,服务目标及内容也不尽相同,不同情况的老年人各自的需求层次也不同。通常情况下,养老群体的一个层次的需求得到满足后,将会更加关注下一个更高层次的养老服务,但也不尽然,养老需求不一定严格按照养老公共服务内容从低向高的先后顺序。究其原因,其一,养老服务在发展中,只有做到各个层面的内容都兼顾,都有所发展,才能满足各个层次的需求;其二,养老服务是以需求为导向的按需发展,发展中不一定按照"由低向高"的顺序发展,可优先发展某一层次,以满足该层面需求。

5. 养老服务业

养老服务业被国外称之为健康产业(Health Industry)或银色产业(Silver Industry),我国国内对于养老服务业的研究始于 20 世纪 90 年代中期,以三次养老服务业研讨会的召开为研究主线。第一届全国养老服务业(老龄产业)研讨会(1997)召开时正式提出了"养老服务业"的概念,同时还对其发展的必要性及可能性进行分析,点明养老服务业与老年市场的关系,并对该行业所涉及的基本服务范围、领域等相关理论等进行了比较深入的探讨,此次会议研究的重点在"养老服务业"的概念。第二届全国养老服务业(老龄产业)研讨会(2001)召开时提出了将发展养老服务业作为应对老龄化快速发展的重要战略,并在总结经验和教训的基础上,提出了发展"养老服务业"的对策及建议,这就意味着对养老服务业的研究开始由微观的、局部的市场及企业研究转向宏观的、全局的政策及战略的研究。程勇(2001)对此次研讨会的结论、建议加以整合梳理,形成了十一条政策建议,即建立法规制度保障、加大财政投入、建立专项基金、实行税收优惠、减免费用、统一管理、实施精神鼓励、财政补贴、信贷优先、吸引外资、特殊照顾等。第三届全国养老服务业（老龄产业）研讨会（2004）的重点在于梳理养老服务业发展中政府与民营资本的关系，会议强调民营资本的参与是促进养老服务业发展的主要动力。

2004年至今已经有十多年时间，经过将近30年的发展，我国养老服务业的理论研究及实践都已有长足的发展，在不断地深入研究探讨中，养老服务业发展已经逐步走向系统化。

对于"养老服务业"的概念界定，2006年全国老龄办、教育部、国家发改委等联合发布的《关于加快发展养老服务业的意见》中明确提出，养老服务业是为老年人提供生活照顾和护理服务，满足老年人特殊生活需要的服务业。2013年，国务院又发布了《关于加快发展养老服务业的若干意见》，将养老服务业定义为"给老年人提供生活照顾和护理服务，满足老年人特殊生活需求的服务行业，主要包括生活照料、医疗保健、康复护理及精神慰藉等"。因此，养老服务业应以"提供有效供给"为发展目标，为满足老年人养老需求提供充足的养老服务资源，老年人的养老需求不仅包含日常生活照料、护理、康复及紧急救助，还包含精神慰藉、心理支持及临终关怀等诸多方面，以提升老年人的生活质量。

二、理论依据

（一）马斯洛需求层次理论

马斯洛需求层次理论（Maslow's Hierarchy of Needs）也称"基本需求层次理论"，是由美国心理学家亚伯拉罕·马斯洛于1943年提出的。从多年研究来看，学者们对于"需要"的研究始于生物学的角度，运用生物性的内在驱动力来分析需要理论。马斯洛也从生物学的角度研究"需要"，并对这一理论做出了突出贡献。马斯洛在《人的动机理论》一文中，认为需要包含两个方面，一是"人是一种不断需要的动物，除短暂的时间外，极少达到完全满足的状态"。二是"一个欲望满足后，另一个迅速出现并取代他的位置；当这个被满足了，又会有一个站到突出位置上来"。人类所有的行为都是由一定的需要驱使的，他将人的基本需要划分为五个层次，简单地说，就是指生理、安全、爱、尊重和自我实现。

马斯洛需求层次理论强调人的天赋本性，从人类动机的角度进行研究，将人的需求由低到高层层递进分成五个层次，分别是生理需求、安全需求、社交需求、尊重需求和自我实现需求五个层次，[①]该理论是行为科学的重要理论之一。五个层次逐级递进，其中生理需求是人类最基本的需求，主要涉及维持人类自身生存所必需的食物、水、空气及睡眠等，这些是最基本的需求，也是在满足较高层次的需求之前，必须优先满足的需求。按照马斯洛的

---

① 参见马斯洛. 人类激励理论[M]. 科学普及出版社,1943:23-46.

理论,人要首先保障自己的生存,只有这一基本需要得到满足后,其他各个层次的更高需要才能对人产生激励作用,而已经满足的需求不会再产生对人的激励作用。安全需求是继最基本的生理需求之后的第二个层次的需求,生理需求得到满足之后,自身安全问题能够得到保障,成为人的希望,包括人身安全、健康保障、财产所有权、家庭安全等。马斯洛认为,安全的、有秩序的世界是人们所渴求的,这样的环境,人们会感到有所依靠,不会发生不可控的、难以预料的或者危险的事件,安全需求的内涵宽泛,既涉及世界和平与安全,又涉及个人安全及社会安全等方面。社交需求涉及亲情、友情等方面,是渴望父母、同事、朋友、上级等对其表现出关怀、爱护、友好、信任等的需求,也就是人类对归属感的渴求。马斯洛认为,这一需求关乎人们对情感、爱和归属的需求,既包含给别人的爱,也包括接受别人的爱。尊重需求是指希望得到别人尊重和认可的需求,包括自尊的需求及被别人尊重的需求,希望自己的能力、才华被别人承认和赞赏,在团队中占有一席之地,体现自己的人生价值。马斯洛认为,人们都希望拥有稳定的地位,得到他人的尊重、肯定、认可。自我实现需求是指人们希望最大限度地实现人生价值,充分发挥个人潜能,体现个人能力、思想、意志及情感等,自我实现需求是最高层次的需求。马斯洛认为,自我实现是一种促进自身潜能实现的趋势,换言之,自我实现需求本质上是追求自己确定目标的需求。

马斯洛需求层次理论,揭示了人类复杂需求的普遍性规律,比较直观且易于理解,成为国内外诸多管理理论的重要基础。该理论认为,在多种需求均未获得满足时,人们首先需要满足较低层次上的物质性价值需求——生理需求和安全需求。在较低层的需求得到满足之后,人们开始进入较高层次上的精神性价值需求——社交需求、尊重需求及自我实现需求。养老公共服务主要针对老年群体的养老需求进行研究,而马斯洛需求层次理论恰恰为研究养老群体的各项需求提供了基本思路。作为人一生中的一个特殊阶段,老年人的需求既具有一般群体需求的"共性特征",同时也具备特殊群体的"个性特征"。作为比较特殊的一个群体,老年人的需求更复杂,既有日常生活照料、医疗保健等低层次的需求,也有社会参与、社会交往、精神慰藉等高层次的需求。养老群体无论心理还是生理,都与其他群体存在诸多显著的差别,同为老年人,不同的个体间也有显著的差别,将马斯洛需求层次理论与养老公共服务相结合,能很好地反映当前快速老龄化背景下养老群体多样化、多元化养老需求,以便于有针对性地提供个性化、多方位、多元化、多层次的养老公共服务。

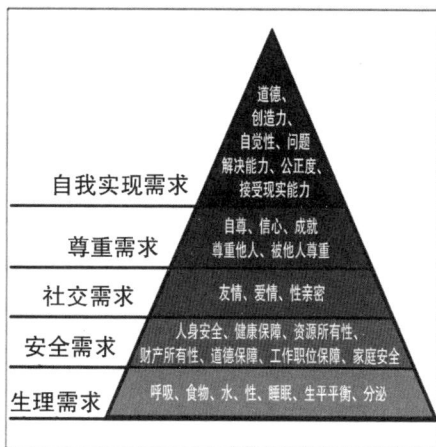

图1.1　马斯洛需求层次

（二）福利多元主义理论

福利多元主义(welfare pluralism)是20世纪80年代以来西方社会政策研究的一种新的范式,这一理论的出现是源于20世纪后半叶西方国家出现的福利国家危机。第二次世界大战后,西方国家开始为全体社会成员提供内容齐全、高水平的社会福利,并且逐步建立了福利国家制度,随着福利国家制度的不断发展,各种福利制度不断地增加,"随着福利国家角色的成长,社会福利覆盖面趋向全民化,使几乎所有的收入群体都逐渐变得越来越依赖政府的帮助,政府在福利提供中扮演着越来越重要的角色"①。经过将近30年的扩张,到20世纪70年代,石油危机的爆发,受到危机的影响,原本经济快速发展的西方福利国家的经济进入了滞涨状态,长达20多年的经济快速发展结束,西方福利国家失业率上升,贫富差距不断加大,福利国家开始进入了紧缩时代。与此同时,人口老龄化与失业等社会问题多种因素叠加更加剧了问题的严重性,人们对各种社会福利的需求快速增加,养老负担不断加大,各个福利国家的收支严重失衡,面临沉重的财政负担。而福利国家制度经过几十年的发展早已经根深蒂固,植根于民众心中,人们理所当然地享受着政府提供的各种福利保障,人们不断增长的社会福利需求和不断强化的民权意识与政府日益沉重的财政负担的矛盾越来越突出。

自20世纪70年代以来,西方福利国家在经济衰退之后,越来越多的人将矛盾的焦点聚焦于西方国家的高福利制度,"福利国家"受到越来越多的批判和攻击,从"摇篮"到"坟墓"的西方福利国家制度开始动摇,人们也开始对政府在福利制度中的作用进行反思。大多数人们对福利国家的质疑主要聚焦于政府的合法性问题、经济问题、财政问题、政府扩张问题等。

随着理论界对其不断地批判以及对可能出路的不断探寻,也就是说,"福利多元主义理论"正是在对福利国家不断地批判之中应运而生的。福利多元主义就是在这样的背景下产生的为解决福利国家产生的危机问题等而提出的一种理论范式。福利多元主义概念最早出现于1978年英国沃尔芬德

---

① 彭华民,黄叶青.福利多元主义:福利提供从国家到多元部门的转型[J].南开学报,2006(06).

题为"志愿组织的未来"(J. Wolfenden,1978)的报告中,该报告主张将志愿者也纳入社会福利提供者行列,将福利多元主义运用到英国社会政策的实践。① 福利多元主义概念在社会政策及其相关领域都引起了广泛关注,随后逐渐成为一种影响深远的理论范式。

1. 罗斯关于福利多元主义

罗斯(R. Rose)对"福利多元主义"进行了明确的界定。他也是对"福利多元主义"清晰界定的第一人。1986年,他在《相同的目标、不同的角色——国家对福利多元组合的贡献》一文中详细剖析了福利多元主义的概念。② 罗斯指出,"福利国家"这一概念容易对人形成误导,容易使人认为福利供给完全是政府行为。政府在福利供给中起着至关重要的作用,扮演着重要角色,但绝对不是唯一或垄断的角色。家庭、市场及国家三者都是社会中福利的来源,它们共同提供的福利总和构成社会福利整体,即社会总福利。他主张福利是全社会的产物,雇员、家庭、市场和国家都要提供福利,放弃市场和家庭,让国家承担完全责任是错误的。市场、国家和家庭在社会中提供的福利总和即社会总福利,用公式表示为:$TWS = H + M + S$。TWS 是社会总福利,H 是家庭提供的福利,M 是市场提供的福利,S 是国家提供的福利。国家是最主要的福利提供者,但并不是唯一的提供者,市场也是福利的提供者之一,家庭也一直都是福利的提供者,忽视家庭和市场,只单一强调国家对福利责任的承担是不正确的,任何一方作为福利提供者都会存在这样那样的问题,只有三个部门联合起来形成合力,才能取长补短,这就是罗斯的"福利多元主义理论"。从罗斯对福利多元主义的观点来看,罗斯是采用的"三分法"对

---

① Gilbert. Welfare pluralism and social policy. In Midge,Tracy,M. B. & Liver more, M. (Eds.), Hand book of Social Policy[M]. Thousand Oaks,CA:Sage Publications,2000.

② Rose,R. Common Goals but Different Roles:The State's Contribution to the Welfare Mix. In Rose,R. & Shiratori,R. (Rd). The Welfare State East land West[M]. Oxford:Oxford University Press, 1986.

福利供给者进行的分析,福利供给者是由家庭、市场和国家组成。

2. 伊瓦斯的"福利三角"及"福利四分法"

在罗斯研究的基础上,德国学者伊瓦斯先后提出了"福利三角"和"福利四分法"。伊瓦斯(Evers,1988)将国家、市场、家庭三者共同组成的福利整体称为"福利三角"。他将福利分析框架置身于不同的政治、经济、文化及社会背景中,认为背景不同,三个供给主体各自所承担的份额也是大不相同的。从"福利三角"三方主体来看,国家政府是公共组织,经济(即市场)对应的是正式组织,而家庭是私人的、非正式组织;从三方主体体现的不同价值来看,国家的价值是保障和平等,经济的价值是选择和自主,而家庭的价值是团结和共有;社会成员作为行动者是实现家庭、市场及国家间互动关系的纽带,与三方主体作用时会产生不同的经济关系、社会关系及政府关系,如,经济(即市场)提供就业福利,个人努力和小区互助是非正规福利的核心,而国家通过正规系统的社会福利制度将社会资源进行再分配。在一定的文化、政治、经济和社会背景下,国家提供的社会福利和家庭提供的福利可以分担社会成员在遭遇市场失败时的风险(Evers,1988;1993)。在伊瓦斯后续的研究中,对"福利三角"研究范式予以修正,提出了"福利四分法",这一范式强调社会福利来源于社区、民间社会、市场及国家,①即在"福利三角"的基础上增加了"民间社会"。"福利四分法"中对"民间社会"在福利供给中的特殊作用进行了特别强调,特别是在对社会福利的整合中民间社会的社会资本发挥了重要作用。它在不同层次上为具有不同价值追求的政府、市场和社区间建立起桥梁纽带,使私人利益、局部利益和公共利益相一致。

---

① Evers A., OIk T., Wohlfa hrtsplura lismus: Vom Wohlfahrtsstaat zur Wohlfahrtschaft[M]. Opraden. 1996.

3.约翰逊的"四分法"

约翰逊也主张采取"四分法",但与伊瓦斯的"福利四分法"不同。他是在"福利三角"的基础上增加了"志愿组织",强调福利多元主义的暗含是福利供给的非垄断性,家庭及志愿组织等非正式组织在福利供给上发挥着重要作用。

4.吉尔伯特的"四分法"

吉尔伯特的福利多元主义的观点与约翰逊一致。他认为福利多元主义结构包含两层含义:其一,是社会福利总供给由政府、志愿组织、非正式组织及商业组织四部门共同提供;其二,这四个部门嵌入福利国家市场的私人和公共领域,且遵从不同市场规则,尽管四部门单独存在,但仍然与资本主义的经济市场相互重叠。

福利多元主义的"三分法"与"四分法"并没有绝对的界限,无论是哪种方法,都是对福利供给的反思,这些方法的共同之处就在于都是强调福利供给应该多元化,福利供给者既可以是国家和市场,也可以是个人、家庭、志愿组织、民间组织等。福利多元主义的核心意义在于其更新了公共服务供给的主体格局,改变了传统观念中福利供给仅靠政府的认知,拓展了福利供给渠道。福利多元主义经过多年的发展和实践,已经成为西方社会政策的理论主流。本书以福利多元主义理论为研究的理论基础之一,认为养老公共服务供给主体是多元化的,有政府、社会、社区、家庭及个人等多方供给,不同的供给主体所承担的养老责任不同,共同构建养老公共服务体系。

(三)新公共管理理论

传统的公共行政学产生于19世纪末20世纪初。它的主要理论基础是韦伯的官僚体制理论及威尔逊和古德诺等人的"政治与行政二分法"理论。

传统的韦伯官僚制曾经在很大程度上改善了西方国家的政府管理及公共服务,在当时是比较适应西方社会发展的要求的。但到了20世纪60年代,传统的官僚制已经难以履行现代政府的诸多职能。到了20世纪七八十年代,美国、英国等西方发达国家政府陆续面临着机构臃肿、管理效率低下及财政支出压力过大等诸多问题,政府盲目追求预算最大化,政府职能因而无限扩张,政府规模不断扩大,政府机构和人员不断膨胀,权力寻租及政府腐败问题频发,财政危机、管理危机和信任危机等多重危机并存,社会公众难以形成对政府的信任,传统的官僚体制、制度"力不从心",难以改变这种现状,社会各界对政府管理的不满情绪逐渐蔓延。为解决这些突出矛盾,强化政府治理的能力,更有效地实现公共利益,西方各个国家的政府开始进行声势浩大的改革运动,也就是以"新公共管理(New public management,NPM)"为核心的关于政府的改革运动。以20世纪70年代末撒切尔夫人的政府改革为开端,针对传统政府管理模式中存在的弊端,西方国家开始着手进行"政府治理模式"的改革,改革随后席卷全球,从美国的"重塑政府"到英国的"宪章运动",从新西兰的"全面改革"到德国的"苗条国家改革"以及其他西方国家普遍选择实行的一系列"以市场为导向"的行政改革措施,实际上都是"新公共管理理论"的不同程度的实践。"新公共管理理论"就起源于这些国家行政改革中"管理主义"对传统的"官僚制"理论的持续争论。公共管理学界将改革后新的政府管理模式称为"新公共管理",并在理论界逐渐形成了"新公共管理思想"。

　　传统的"公共行政"是以"理性官僚制"为基本特征的,新公共管理运动不同于传统的公共行政框架内的改革,它不是针对当时存在的行政管理体制及方式进行部分调整,而是全盘否定和清算传统公共行政模式,这一大规模的改革运动对西方国家"政府治理实践"产生了非常深刻的影响。新公共管理从管理学的角度出发,对官僚主义进行批判,比较推崇私营机构的管理技术,认为分权、放松规制、委托是医治公共管理机制僵化痼疾的组织原则。[1] 这种模式一度成为西方国家行政改革的主要指导思想之一,指导着西方国家的政府行政机构改革。该理论力主将私人部门及企业管理方法运用到公共部门管理中,以提高公共管理和服务的质量和效率,具体而言,包括推行社会化及市场化改革,将大量的公共产品和服务通过签约外包等方式,交由具备一定条件的社会组织进行生产和供给。委托代理理论、公共选择理论是"新公共管理理论"中的两个重要分支。"新公共管理"创新了公共管理模式,并逐渐发展成为20世纪80年代以来的最具影响力的理论范式。

新公共管理运动首次将"绩效管理"引入政府,并把"政府责任"与"绩效管理"结合起来,既关注政府政策的执行过程,又特别重视最终产生的结果或效果。新公共管理运动改革的导向是分权化管理、公共服务社会化、责任机制、结果为本及顾客导向等。在这种新的责任机制下,公共管理实践中,又逐渐将竞争与市场机制、绩效管理与评估等灵活有效的管理方法引入公共管理实践中。

新公共管理实质上是一个愿景、一个思想体系或被称为特殊的管理方式与技能形成的组合,[2]是"'管理主义'(managerialism)或'新管理主义'(new-managerialism)运用于公共部门的结晶"[3],并被胡德(Hood,1991)称为"新公共管理"[4]。"管理主义"是为了有效地实现组织的目标,而基于组织的人、财、物、信息等资源所实施的计划、组织、决策、领导、控制等活动的

---

① 王明慧.政府购买医疗保险服务效果测量与可持续性研究[M].北京:经济日报出版社,2019:20.

② Nazmul Ahsan Kalimullah, Ksbir M. Ashraf Alam, M. M. Ashaduzzaman Nour. New Public Management: Emergence and Principles[J]. Bup Journal,1(1).

③ 丁煌.西方行政学说史[M].第二版.武汉大学出版社,2004.392.

④ Christopher Hood. A Public Management for all Seasons[J]. Public Administration.69(1).

管理哲学,是"解决广泛的经济与社会弊病的有效方式"①,其基本信条即是
"让管理者进行管理"②。

　　新公共管理代表人物有胡德、戴维·奥斯本等。胡德认为,新公共管理
的基本特质应该包含以下七个方面,即公共部门实施专业化管理,也就是由
"高层人士对组织实施积极地、可视地、裁量性地控制";设定明确的绩效目
标和测量标准,强调专业化服务要专业的定量性的术语来界定其具体指标
和目标;重视产出和结果,是强调对产出的控制,而不是过程与程序;对公共
部门重组;引入竞争机制;借鉴民营部门的管理方法,以私营部门的管理经
验,弹性化的雇佣人员与提供报酬;强调有效利用和开发资源。

　　美国公共管理学家戴维·奥斯本在对美国各地方政府改革实践的基础
上进行总结归纳,并提出了用"企业家精神"改革政府的十项原则,也成为新
公共管理理论所倡导的"企业家政府"的基本特征,更成了美国"重塑政府"
的指导思想,其基本特征和职能如下:

表1.1　政府的十项职能及特征

职　能	特　征
起催化作用的政府	掌舵而不是划桨:政府应该向各类非公共组织提供相关的政策支持(掌舵),而不是向社会公众直接提供公共服务(划桨),并将"掌舵"(制定政策与规则)与"划桨"职能(提供服务与执行政策)进行区分。
立足于社区的政府	妥善授权而不是服务:政府负责授权,应将对公共服务的控制权由官僚手中下放给社区民众,并减少其依附性。

---

① Christopher Pollit,Managerialism and the Public Services:The Anglo – American Experience[M].
Oxford,Cambridge,Mass. ,USA:Basil Blackwell,1990:52 – 103.

② Donald F. Kettl. The Global Revolution in Public Management:Driving Themes, Missing Links
[J]. Journal of Policy Analysis and Management,16(3).

续表

职　能	特　征
竞争性政府	将竞争机制引入政府服务中:政府应放弃对公共事务管理的垄断,引入并实施合理的竞争机制,对公共服务竞争实体进行培育,公平竞争,提高效率,以实现公共服务公正和高效。
有使命的政府	改变照章办事的组织:政府内部应放松管制,简化行政管理制度,组织机构进行优化,明确各机构的使命,使管理者能够在法律允许的范围内自由寻找完成使命的最佳方式。
讲究效果的政府	拨款按照效果因素而不是投入因素:政府应按照效果而不是投入因素进行拨款,此种类型的政府将责任从投入转移至效果,以对达到或超出目标的组织进行奖励。
受顾客驱使的政府	受顾客需求驱动,而不是受官僚的政治需求驱动:政府应以满足顾客需求为导向,用多种方式获取顾客意见建议,公众应以"顾客"身份享受政府服务。
有事业心的政府	企业化政府,有收益且不浪费:政府职责除了提供公共服务外,还需有投资回报意识及利润动机,运用激励手段激励管理者在"花钱"的同时,更要重视赚钱,使政府部门及其工作人员具有"企业家"思维。
有预见的政府	重预防而不是治疗:政府管理所要追求的是预防问题而不是克服问题。
分权的政府	从等级制到参与和协作:通过组织或体制将权力下放,政府应采取参与式的管理模式,将自主权给予那些直接面对顾客的工作人员,以提高这些工作人员应对的决策能力,构建新的责任和监督机制,增强政府的信任度。
以市场为导向的政府	通过市场力量进行变革:政府应通过市场机制提供公共服务,政府与市场要相互配合,开发财政激励手段,迫使私人组织和个人以解决社会问题的方式进行运作,充分发挥市场机制的调节作用,调动参与者的积极性。

综上,新公共管理作为一种新的管理理论,所要考虑的是如何将行政管理从传统的官僚制中解脱出来,怎样改变传统的运作方式,该理论所倡导的是依靠市场化及竞争机制改革政府部门。其核心理念如下:

其一,政府是"掌舵型"政府。强调政府在公共行政中是政策的制定者,而不是直接参与公共服务的供给,只有将"管理"与"操作"分开,政府才可能不分散精力,能将更多精力放在决策及指导上。其二,政府是"服务型"政府。即政府应奉行"以服务顾客为导向"的价值理念,以社会成员的利益和目标为导向进行社会管理。其三,政府是"竞争型"政府。该理论强调将竞争机制引入公共服务供给中,通过依托私人部门等市场的力量来提高公共服务供给的效率。其四,政府是"高效型"政府。强调政府要注重工作效率,通过建立清晰的绩效目标体系对管理活动的产出进行重点关注,并通过财务控制以避免公共支出的浪费,公共支出的分配以"效果"为标准。其五,政府是"分权型"政府。政府不能无限扩张规模,需要通过不断分权和下放权力而不断将组织规模缩小。

新公共管理思想逐渐被广泛应用于行政体制改革、高校去行政化改革及公共部门人力资源改革等诸多领域,近年来,它也逐渐被应用于养老服务领域。该理论是植根于经济学逻辑的一种行政管理理论,所倡导的"以市场为导向"的政府行政改革,不仅部分缓解了"福利危机",还引入了竞争机制,同时,在公共选择、委托代理和交易成本等理论的影响下,对行政和管理两个概念进行了区分。该理论认为行政是执行上级指令,与官僚管理制度相联系;管理则是以结果为导向,并承担相应的责任。[①] 倡导通过合理的制度设计,保障公共管理人员享有充分但合理的权威,培育出"企业家"式的政府管理者。[②]当老龄化快速加深,传统的靠家庭养老以及社会化的机构养老模式均难以满足激增的养老需求时,养老问题已经从一个"私人"问题上升为迫切需要解决的公共服务问题。学者们运用新公共管理理论对公共服务问

---

① 欧文・E.休斯,沈卫裕.新公共管理的现状[J].中国人民大学学报,2002(06).
② 黄小勇.新公共管理理论及其借鉴意义[J].中共中央党校学报,2004(03).

题从管理的角度进行分析,找出其中存在的问题,并提出有针对性的对策及建议。新公共管理理论为养老服务供给的多元化以及绩效评价体系的构建,提供了比较具体的实践指引,通过政府主导,引入市场资金及市场管理模式,有效提高了政府效率。相较于传统的官僚制,新公共管理理论更关注"结果"。现阶段,我国养老公共服务迫在眉睫,需要解决的问题是在时间紧、任务重、资金短缺的前提下,政府在养老服务供给中如何与各种社会组织积极的合作,减轻政府的财政负担。同时需要政府精准把握老年群体的"养老需求",以建立多元化、多层次的养老服务供给体系,使得老年人能够获得全方位的养老服务。

(四)新公共服务理论

新公共服务理论是由美国学者登哈特夫妇(Robert B. Denhardt,Janet Vinzant Denhardt,2000)在 21 世纪初提出来的。[①] 在他们共同出版的著作《新公共服务:服务,而不是掌舵》中提出了"新公共服务"一词。新公共服务理论的产生,是源于对新公共管理理论的反思,是登哈特等人通过深入批判新公共管理理论中的精髓——企业家政府理论而创立的。新公共服务是指关于公共行政在以公民为中心的治理系统中所扮演的角色的一套理念。[②] 不同于新公共管理理论,新公共服务理论是基于经济理论和自我利益的主导行政模式。[③] 登哈特认为,民主公民权、社区与公民社区、组织人本主义、

---

① Robert B. Denhardt,Janet Vinzant Denhardt. The new public service:Serving rather than steering [J]. Public Administration Review,2000,60(6).

② 丁煌.政府的职责:"服务"而非"掌舵"——《新公共服务:服务,而不是掌舵》评介[J].中国人民大学学报,2004(06).

③ 珍妮特·V.登哈特,罗伯特·B.登哈特.新公共服务:服务而不是掌舵[M].丁煌译.北京:中国人民大学出版社,2004:164.

新公共行政和后现代公共行政等理论是新公共服务理论的理论来源。新公共服务理论对当代民主治理的先驱理论进行了吸收与融合,这些"先驱理论"主要包括民主社会的公民权理论、社区和市民社会理论、组织人本主义和后现代主义的话语理论,从公民权利、信任建构及公共对话三个维度树立了检验公共行政发展的标尺,创立起比较完整的理论体系和概念框架。① 尊重民主是新公共服务理论的核心理念。该理论将"公共利益"作为最终目标来重新定位公共部门的角色。该理论认为,在管理公共组织及执行公共政策时公共行政应该切实落实与民放权和为民服务的职责,不是"领航掌舵",也不是"划桨",而应该是具备完善的整合力与回应力的公共机构的构建。简单讲,就是在对公共组织的管理过程中公共管理者要履行职责、承担主要职责,而不是增强控制能力。由此可见,新公共服务理论实质上不是对新公共管理理论的全盘否定,而是扬弃和改进。

新公共服务理论更强调公共服务环节供给的基本导向在于其有效性和公平性,这就从根本上将政府、社会及市场在公共服务供给中各自的职能权限等有效地进行了界定,该理论提出,公共服务供给应该是多元主体的参与,并最大限度地发挥各个供给主体在公共服务中的作用,以达到公共利益的最大化。② 新公共服务理论的基本观点如下:

其一,政府的职能是服务,而不是掌舵。和传统公共行政理论及新公共管理理论相比,新公共服务理论更强调服务意识,该理论认为,在公共管理过程中,只有通过公民的积极参与才能达到最佳的管理结果,制定出满足最

---

① 王明慧.政府购买医疗保险服务效果测量与可持续性研究[M].经济日报出版社,2019;01,22.

② 珍妮特·V.登哈特,罗伯特·B.登哈特.新公共服务:服务而不是掌舵[M].丁煌译.北京:中国人民大学出版社,2004;164.

多数公民利益需求的规则和决策,从而增强公共部门的合法性。[①] 公共管理者的作用不应体现在对社会的驾驭和控制上,而在于要重点关注公民的切身利益和需求,并努力追求公共利益的最大化。公共管理者要扮演好中介人、调停者,或者是裁判员的角色,而不是服务的直接供给者。

其二,公共利益不是副产品,而是追求的目标。公共利益作为管理者及社会公众共同追求的目标,政府在社会远景目标制定的过程中,应尽量引导社会公众树立共享的、集体的公共利益观念,通过广泛的公众对话和协商过程,建立具有广泛基础的社会远景目标,[②]努力实现公共利益最大化目标。

其三,思想上具有战略性,行动上具有民主性。新公共服务理论认为,符合公共需要的政策和计划,只有通过集体努力协作的过程,才有可能实现并形成集体意识,有效地得以贯彻落实,通过增强社会公众参与及合作的意愿,激发公众的责任感、自豪感,使所有相关各方共同参与并致力于社会公共目标的实现。

其四,为公民服务,而不是为顾客服务。相较于新公共管理理论将政府服务的对象界定为"顾客",新公共服务理论认为公共利益是属于全体公民的,因而具有不可替代性,公共管理的服务对象应该是全体公民——公共利益的拥有者,而非某一个或部分"顾客",公共部门的管理者应及时关注公民切身的需求与利益,应对公民需求进行回应,而不是仅仅回应"顾客"的需求,使公民与政府间建立起相互信任的协作关系。

其五,行政责任不能简单化。而传统的公共行政理论和新公共管理理论恰恰将责任简单化了,而新公共服务理论认为,按照现实需求,公共服务的责任问题其实是非常复杂的,该理论强调,公务人员不应只是关注市场,

---

① 郑燃.公共文化服务均等化视角下图书馆博物馆数字文化服务融合研究[M].武汉大学出版社,2019:54.

② 李小涛编著.公共文化服务标准体系研究[M].南京:东南大学出版社,2019:27.

还要关注公民利益、宪法和法令、社会价值、职业标准等多个方面,尤其是关注公民需求和利益。该理论认识到政府责任的多元化及其复杂性,除了肩负法律和政治责任外,还有一系列的民主责任和专业责任也需要承担。

其六,不仅要重视生产率,还要重视人。新公共服务理论强调"通过人来进行管理的重要性"。该理论认为,如果要求公务员善待农民,那么公务员本身就必须受到公共机构管理者的善待。该理论已经意识到公共行政官员工作的复杂性以及所面临的巨大的挑战,强调在关注劳动生产率的同时,更应该关心人在社会管理中的作用,人的行为要素除了包含公共利益观念,还包含自信心、尊严及归属感等,因此作为公共部门的管理者,要注重激发处于核心地位的人的价值。

其七,公民权和公共服务比企业家精神更重要。新公共服务理论是建立在公民权利以及公共利益基础上的,该理论认为,政府应该是为人民服务的,比较注重政府服务优势的发挥,公共行政官员应该有个清楚的认知——公民才是政府的主人,资源及公共项目是属于公民的,公共资源管理者、公共组织监督者、社区参与的催化剂、基层社区领导者以及公民权利与民主对话的促进者等是他们扮演的角色。公共部门管理者更应该关注于公民权及公共服务,在治理过程中官员们应该对政府的角色进行准确定位——政府不是"掌舵者",只是负责任的"参与者",政府官员所扮演的是"中介"甚至于"调解员"的作用,以此来解决公共问题。养老公共服务属于公共服务的范畴,新公共服务理论也势必成为支撑养老服务的重要的理论基石。为解决养老公共服务供给不足问题,运用新公共服务理论分析政府公共服务行为时,应当以为养老群体、为公民提供公共服务为核心,在考虑市场效率及经济发展因素的同时,还要着重关注公民最切身的利益和需求,并在努力实现公共利益的服务中,积极主动地回应公民的愿望与需求。我国政府正处于政府职能转变中,虽然一直致力于解决养老公共服务的有效供给,但总体而言,养老服务需求尚未得到有效满足,依然存在供给配置不均衡问题,根据新公共服务理论的主旨思想,政府在养老公共政策制定过程中,应积极鼓励养老群体参与讨论,以听取养老群体在公共服务方面的意见建议,将养老群体的利益和需求作为公共服务供给的出发点和落脚点,加快构建养老公共服务体系。不仅如此,政府也要精准对自身在养老公共服务供给中的角色进行定位,从公共服务单一的供给主体的角色定位向公共服务主导者、决策者和监督者转变,从而形成由政府主导、市场和社会共同参与的多主体供应的多元化、多层次的多方合作的养老公共服务供给模式。由政府向市场或者社会购买养老公共服务所需的产品和服务,多元化的多主体供应,从而极大地增强我国养老公共服务的供给能力,使得我国养老公共服务的产品更加丰富、也更加专业化。政府在养老公共服务的供给中,在进行宏观调控的同时,鼓励市场和社会参与到养老公共服务中,在享有相应权利的同时履行相应的责任、义务。当政府、市场及社会共同参与其中,形成养老公共服务的合力,构建成多元化的养老服务协作供给模式时,就能有效缓解养老公共服务资源供给不足的问题。

(五)“健康老龄化”与“积极老龄化”理论

1. 健康老龄化

1987 年 5 月世界卫生大会召开,正是在这次会议上,首次提出了“健康老龄化”(healthy aging)理念。早在 1946 年,世界卫生组织就在其章程中明确了“健康”概念,将“健康”定义为身体、精神和社会的完美状况。世界卫生组织(1990 年 9 月)在丹麦哥本哈根召开的第 40 次欧洲地区会议上,首次将“健康的老龄化”作为一项战略目标提出来。依据世界卫生组织关于“健康”的定义,“健康老龄化”内涵丰富:其一,“健康老龄化”更多地体现在老年人健康的预期寿命的提高,其目标在于大多数老年人都健康长寿;其二,"健康老龄化"应体现在寿命的延长和生命的质量;其三,老年群体健康是年老之前各个阶段所有制约健康因素的综合表现;其四,"健康老龄化"是一个涉及全民性保健的社会系统工程,关系着不同年龄段的人口。[①] "健康老龄化"就是,如果健康的老年人能够成为老龄化群体的绝大多数,并且"总人口出生队列[②]对老年人口总量增长的影响又能保证甚至强化这种主导性力量,那么我们就可以说实现了健康的老龄化"。"健康老龄化"实质上是一个动态过程,是一个人从出生到年老的整个生命过程逐步发展的结果。"健康老龄化"概念提出之后,研究的重点开始由结果转向过程,关注的重点也发生了变化——重点关注影响老年健康的主要因素,这一转变对于改善、提高老年人的生活质量具有重要意义。2015 年,世界卫生组织发布的《关于老龄化与健康的全球报告》中,将"健康老龄化"定义为"发展和维护老年健康生活所需要的功能发挥的过程",更加强调老年人在行动能力和社会功能上的健康。"健康老龄化"理论是基于老年人身心需求的视角来构建的,该理论对于维持老年群体的基本健康以及提高生活质量具有积极的社会意义。但该理论也有其存在的缺陷:其一,将老年群体视为社会的负担;其二,没有从老年群体社会权利的视角来看待老年群体的健康。

2. 积极老龄化

"积极老龄化"源于 20 世纪末异军突起的"积极心理学","积极心理学"转变了传统的心理学的研究目标——由"治疗"转变为"潜能开发",也拓展了心理学的研究对象,对"积极老龄化"理论的出现起到了推动作用。"积极心理学"目标转变为"潜能开发",其实质就是要开发老年人的潜能,使

---

① 王谦. 中国人口和计划生育年鉴 2005[M]. 中国人口和计划生育年鉴社,2005:346.

② 出生队列指同一年出生的一批人。

老年人能够树立积极的社会参与心态,社会也要为老年人提供适宜的"参与环境"。1997年6月召开的西方七国丹佛会议上,首次出现"积极老龄化"这一概念。欧盟1999年召开了以"积极老龄化"为主题的国际会议,并在"健康老龄化"的基础上提出了"积极老龄化"的理念。2002年4月,第二届联合国老年大会提出了"积极老龄化"政策框架——《积极老龄化:一个政策框架》,并将"积极老龄化"基本理念及主要观点写进了第二届世界老龄大会的《政治宣言》和《老龄问题国际行动计划》,这就成为人类社会积极应对和解决21世纪人口老龄化问题的老龄发展战略。"积极老龄化"政策框架含有三大支柱——"健康、参与、保障",强调老年人都应该享有健康、参与和保障的权利,社会也应当给予他们支持。不仅如此,老年人通过参与社会而对社会做出一定贡献,具有积极的意义。该理论的三大支柱概念是"健康""参与""保障"。健康,是指老年人在生理、心理、道德健康和社会适应能力等方面的完好状态;参与,是指当劳务市场、就业、教育、卫生及社会政策和项目根据个人的基本人权、能力、需要和喜好支持老年人参与社会经济、文化和精神活动,人们在进入老年以后还可以通过收入性的和非收入性的活动为社会继续做出生产性的贡献;保障,即政府、社会、家庭,依照法律规定,对退出劳动领域或无劳动能力的老年人实行的社会补助和社会救助措施,重点是对老年人的物质赡养、精神慰藉和社会扶持,包括在政治、社会、经济、医疗以及社会服务等方面的社会救助和社会保障。

积极老龄化,强调老年群体和老年人自身在整个生命周期中,不仅在肌体、社会和心理方面保持良好的状态,而且他们要积极地面对晚年生活,作为家庭和社会的重要资源,可以继续为社会做出有益的贡献。

随着人口老龄化的开始加深,老年群体数量激增,老年人能够从家庭获取的资源和支持越来越难以满足需求,传统的家庭养老及国家福利性养老模式已经难以负担,社会化养老成为一种必然选择。由"健康老龄化"到"积极老龄化",转变了过去的传统观念,强调老年人是宝贵的社会资源,这一群体可以健康地参与到社会、经济、文化及公共事务,仍然是社会财富的创造者,"积极老龄化"是我们应对人口老龄化的正确选择,是以"健康老龄化"为前提的。

三、新时代我国养老服务发展的战略布局

党的十八大以来,中国特色社会主义进入新时代,以习近平同志为核心的新一届中央领导集体高度重视养老问题,我国的"老龄工作"也因此站在了新的历史起点上,不仅将养老问题纳入党和国家工作全局中,不断加强顶层设计,为解决好老龄化社会问题,习近平总书记更是多次深入基层开展调研,主持召开中央集体重要会议,并多次在重要场合围绕"老龄工作及养老问题"发表一系列重要讲话,形成了习近平总书记关于"老龄工作及养老服务"的重要论述,提出了一系列重要举措,并将"积极应对人口老龄化"上升为国家战略。以习近平同志为核心的党中央立足全局、擘画长远,对人口老龄化积极应对做出一系列重要指示,坚持"以人民为中心"的发展思想,立足于"马克思主义人口观",是习近平新时代中国特色社会主义思想的重要组成部分,不仅为党的老龄理论建设开拓了新的道路,更为中华民族伟大复兴中国梦的实现及美好老龄化社会的建设提供了重要理论依据和实践指南。

(一)新时代我国人口老龄化的特征、挑战与机遇

1.新时代我国人口老龄化的基本特征

新时代我国人口老龄化程度不断加深,老龄社会新形态格局已形成不

可逆转之势,人口老龄化呈现新的特征。2016年5月27日,十八届中央政治局就我国人口老龄化的形势和对策举行第三十二次集体学习时,习近平总书记指出,"人口老龄化是世界性问题,对人类社会产生的影响是深刻持久的。我国是世界上人口老龄化程度比较高的国家之一,老年人口数量最多,老龄化速度最快,应对人口老龄化任务最重。"这句话精准地概括出了我国人口老龄化的基本特征,同时也揭示了我国人口老龄化的进程及影响。人口老龄化程度不断加深的特征与全球人口老龄化发展趋势一致,但就其数量、速度及应对的难度而言,是我国人口老龄化所"独有的"特征。从数量上看,截至2020年11月1日,我国60岁及以上的老龄人口已经高达2.64亿,2025年,将超过3亿,2035年老年人口占比将达28%(2035年老龄人口将达4亿),预计到2050年前后,我国老年人口将达到峰值4.87亿,占总人口的34.9%;从速度上看,自2000年至2050年,全球人口老龄化水平将从10%提升至22%,提升12个百分点,而我国人口老龄化水平将从10%提升至34.9%,提升将近25个百分点,是世界平均速度的约1.59倍;从应对难度来看,西方发达国家的人口老龄化是循序渐进的,历经半个多世纪甚至于上百年的时间,其老龄化的应对难度也是逐渐加深的,养老、医疗及对经济发展的影响等问题也是逐步显现的,而我国快速地出现老龄化,养老、医疗及对经济发展的影响等问题短期内集中出现,"未富先老""未备先老"的特征明显,相应的老龄化应对的相关公共政策、社会保障及养老服务体系的建设等方面的建设明显滞后,加大了应对难度。

2. 新时代我国人口老龄化面临的挑战与机遇

(1)人口老龄化面临的挑战

人口结构的快速变化深刻影响我国经济社会发展,主要表现在:其一,对经济增速和发展潜力的影响。2016年9月,习近平总书记在二十国集团领导人杭州峰会上的开幕式上发表题为《构建创新、活力、联动、包容的世界经济》的讲话,指出:"世界经济又走到一个关键档口。主要经济体先后进入老龄化社会,人口增长率下降,给各国经济社会带来压力。"2019 年老年健康蓝皮书指出,预计 2015—2050 年期间,全社会用于养老、医疗、照料、福利与设施方面的费用占 GDP 的比例,将由 7.33% 增长到 26.24% ,增长18.91个百分点。如果应对不力,人口老龄化可能使经济潜在增长率年均压低约1.7个百分点。其二,诱发家庭代际矛盾。从我国家庭户规模不断缩小的状况来看,家庭养老功能在不断弱化,且作为过去一段时间形成的特殊群体——独生子女家庭中父母逐渐步入老年后,代际利益间的矛盾和冲突逐渐凸显。当前,我国 4 个劳动年龄人口供养 1 个老年人,2035 年将发展为 2 个劳动年龄人口供养 1 个老年人,至 2050 年将发展为 1.5 个劳动年龄人口供养 1 个老年人的局面。社会抚养结构的变化将深刻影响着社会公共资源的配置。

(2)人口老龄化带来的机遇

人口老龄化在对经济社会发展带来挑战的同时,也蕴含着无限商机,机遇和挑战并存。2016 年中央政治局集体学习时,习近平总书记强调:"努力挖掘人口老龄化给国家发展带来的活力和机遇。"对于老龄化所带来的重大机遇,首先,源于劳动年龄人口逐渐减少所带来的劳动力资源紧张、成本上升将倒逼着企业转型升级,进而增强企业创新及转型的内生动力。其次,老龄人口的增加带来了巨大的对于老年产品及服务的需求。习近平总书记指出:"我国老年群体数量庞大,老年人用品和服务需求巨大,老龄服务事业和产业发展空间十分广阔。""要培育老龄产业新的增长点。"①因此,作为新时代具有巨大发展潜力的"朝阳产业"——养老服务业和老龄产业的发展将成为调结构、促民生及转型升级的重要力量,成为培育经济增长新动能的重要领域,成为激发市场活力和激发社会创造力的重要载体。再次,形成新的人

---

① 习近平强调推动老龄事业全面协调可持续发展[N].人民日报,2016 – 05 – 29.

口红利。当前,我国老年人口结构仍以低龄为主,在我国 60 岁及以上人口中,60～69 岁的低龄老年人口占 55.83%,身体健康、具有丰富知识、经验及技能的低龄老龄人口发挥余热和作用的潜力较大,形成新的人口红利。由此可见,"十四五"时期是我国养老服务和老龄产业高质量发展的重要战略机遇期,努力深挖人口老龄化为经济社会发展带来的诸多机遇意义重大。

(二)新时代我国积极应对人口老龄化的战略布局

2012 年党的十八大报告中首次以党的纲领性文件的形式对完善社会福利制度提出明确要求:养老服务是公共服务的重要构成,为实现"老有所养"的战略目标,满足老年人多样化、多层次的养老服务需求,必须加快完善与老年人息息相关的养老服务制度。党的十八大以来,以习近平同志为核心的党中央坚持问题导向,对于养老服务业及老龄产业发展提出了一系列新思想、新论断,并有针对性地对人口老龄化积极应对做出了战略安排。

1. 健全体制机制,谋划养老发展新格局

近年来,我国老龄事业不断发展,老龄工作也取得了显著成效,但和快速发展的老龄化相比,老龄工作及养老服务还存在很多短板,正如习近平总书记所说:"各地区各部门加大投入、扎实行动,积极推动老龄事业发展,应对人口老龄化工作取得了显著成效。同时,我们的政策措施、工作基础、体制机制等还存在明显不足,同广大老年人过上幸福晚年生活的期盼差距较大。"[①]习近平总书记强调老龄工作要适应新时代要求创新思路,主要包含"四个方面创新":老龄工作理念的创新——要树立"积极老龄观",老龄工作思路的创新——实现"四个转变",老龄工作政策制度的创新——促进各种

---

① 习近平强调推动老龄事业全面协调可持续发展[N]. 人民日报,2016－05－29.

政策制度衔接以增强政策合力,老龄工作体制机制创新——谋划养老发展大格局。习近平总书记关于老龄工作的改革创新意识及推进老龄工作改革发展的创新要求,有效地推进了老龄工作不断的改革创新,体制机制逐渐健全。

随着人口老龄化快速加深和养老服务需求的不断扩大,中央和地方政府相继出台了一系列扶持养老服务业发展的政策措施。其中,2013 年出台的《国务院关于加快发展养老服务业的若干意见》明确提出,要"充分发挥政府作用,通过简政放权,创新体制机制,激发社会活力,充分发挥社会力量的主体作用,健全养老服务体系,满足多样化养老服务需求,努力使养老服务业成为积极应对人口老龄化、保障和改善民生的重要举措,成为扩大内需、增加就业、促进服务业发展、推动经济转型升级的重要力量"。该意见成为指导养老服务业发展的纲领性文件,明确了加快我国养老服务业发展的目标、主要任务以及具体保障措施,并提出了"确保人人享有基本养老服务"和"促进基本养老服务均衡发展"等方面的要求。2013 年 8 月,习近平总书记在沈阳多福社区座谈时特别强调,要"把老年人照顾好",指出要"加强养老公共服务,内容上要多样,财力上要倾斜,全社会一起努力,把老年人安顿好、照顾好,让老年人安度晚年。"这是党的十八大之后,习近平总书记首次在公开场合提及"养老问题",并就如何养老研究相应的应对措施,以落实"老有所养"的目标。同年 12 月 28 日,习近平总书记在北京市海淀区四季青敬老院调研时强调:"尊老敬老是中华民族的传统美德,爱老助老是全社会的共同责任。……我国老年人口增加很快,老年服务产业发展还比较滞后。要完善制度、改进工作,推动养老事业多元化、多样化发展,让所有老年人都能老有所养、老有所依、老有所乐、老有所安。要求养老服务机构加强管理,增强安全意识,提高服务质量,让每一位老人都能生活得安心、静心、舒心,都能健康长寿、安享幸福晚年。"这些重要指示为我国养老机构如何工作明确了方向。

2016年5月,十八届中央政治局第三十二次集体学习时,习近平总书记强调,"要着力健全老龄工作体制机制。要适应时代要求创新思路,推动老龄工作向主动应对转变,向统筹协调转变,向加强人们全生命周期养老准备转变,向同时注重老年人物质文化需求、全面提升老年人生活质量转变。要完善党委统一领导、政府依法行政、部门密切配合、群团组织积极参与、上下左右协同联动的老龄工作机制,形成老龄工作大格局。要保证城乡社区老龄工作有人抓、老年人事情有人管、老年人困难有人帮。要健全社会参与机制,发挥有关社会组织作用,发展为老年志愿服务和慈善事业。"

2.求真务实,确立积极养老目标

党的十八大以来,以习近平同志为核心的党中央针对我国人口老龄化发展的现状,对养老服务及养老保障工作进行了科学部署,确立了有关"积极养老"的重要战略擘画,并就此提出了诸多重要要求,自此,"积极养老"就成为我国老龄工作的"指南","积极养老"目标的确立不仅开拓了党的老龄工作理论建设的新的道路,是马克思主义中国化的最新理论成果,而且极大地丰富了我们党治国理政思想,形成了新时期养老工作的根本遵循。

习近平总书记强调:"满足数量庞大的老年群众多方面需求、妥善解决人口老龄化带来的社会问题,事关国家发展全局,事关百姓福祉,需要我们下大气力来应对。"[①]总书记的重要论述阐明了当前我国做好老龄工作的重要性,同时确立了积极应对人口老龄化的目标定位。

2015年11月,党的十八届五中全会《中共中央关于制定国民经济和社会发展第十三个五年规划的建议》中指出:"积极开展应对人口老龄化行动,弘扬敬老、养老、助老社会风尚,建设以居家为基础、社区为依托、机构为补

---

① 习近平强调推动老龄事业全面协调可持续发展[N]. 人民日报,2016-05-29.

充的多层次养老服务体系,推动医疗卫生和养老服务相结合,探索建立长期护理保险制度。全面放开养老服务市场,通过购买服务、股权合作等方式支持各类市场主体增加养老服务和产品供给。"这是我国首次在中央全会上正式提出"积极应对人口老龄化"的要求,是确定"十三五"时期我国应对人口老龄化,构建养老服务体系格局的指南,标志着我国在人口老龄化的应对方面已经逐渐进入了全新的时期。

对于人口老龄化的积极应对,习近平总书记高度重视。早在2016年5月27日,在就我国人口老龄化的形势和对策举行第三十二次集体学习时,习近平总书记就特别强调,"坚持党委领导、政府主导、社会参与、全民行动相结合,坚持应对人口老龄化和促进经济社会发展相结合,坚持满足老年人需求和解决人口老龄化问题相结合,努力挖掘人口老龄化给国家发展带来的活力和机遇,努力满足老年人日益增长的物质文化需求,推动老龄事业全面协调可持续发展。"强调要"着力增强全社会积极应对人口老龄化的思想观念""积极看待老龄社会,积极看待老年人和老年生活,"养老服务业作为老龄产业中的重要组成部分,"积极发展养老服务业,就要积极推进养老服务业制度、标准、设施、人才队伍建设,构建以居家为基础、社区为依托、机构为补充、医养相结合的养老服务体系,以便更好地满足老年人养老服务需求。要培育老龄产业新的增长点,完善相关规划和支持政策。"为此,就要加快养老护理人员的队伍建设,强化对于养老护理人员的职业技能培训,并逐渐将其纳入就业培训体系;不断健全、完善职称评定及相关薪酬激励机制,以有效解决养老服务业"用工难"问题,同时还要根据老年人日益增长的高质量养老服务需求,培养精神慰藉、康养、老年医学等方面的专业人才,逐渐完善养老服务志愿者队伍建设,以提供多元化的养老服务。

2016年10月,习近平主持召开中央全面深化改革委员会第二十八次会议并发表重要讲话。会议审议通过了《关于全面放开养老服务市场提升养老服务质量的若干意见》,提出要积极应对人口老龄化,加快推进养老服务业供给侧结构性改革。

2017 年 1 月,民政部等十三个部门联合发布《关于加快推进养老服务业放管服改革的通知》,指出要进一步调动社会力量参与养老服务业发展的积极性,培育和打造一批品牌化、连锁化、规模化的养老服务企业和社会组织。2017 年 2 月 28 日,国务院《"十三五"国家老龄事业发展和养老体系建设规划》指出,坚持党委领导、政府主导、社会参与、全民行动,着力加强全社会积极应对人口老龄化的各方面工作。

以习近平同志为核心的党中央关于"积极养老"重要战略目标的确立,是马克思主义理论同我国老龄化的具体情况紧密结合而形成的,是习近平新时代中国特色社会主义思想重要组成部分,也是马克思主义中国化的最新理论成果。

3. 多措并举,构建多层次养老服务体系

老龄人口的快速增加导致对养老服务及养老产品需求巨大,养老服务供给尚存在大的缺口,对于如何激发养老服务市场活力、构建新时代养老服务体系,以习近平同志为核心的党中央高度重视,对此,习近平总书记特别指出:"要完善制度、改进工作,推动养老事业多元化、多样化发展。"①习近平总书记针对养老工作的讲话,凸显了社会主义的本质内涵,清晰地表明了对于养老服务发展的态度。针对我国人口老龄化及养老服务供给状况,习近平总书记强调:"要积极发展养老服务业,推进养老服务业制度、标准、设施、人才队伍建设,构建居家为基础、社区为依托、机构为补充、医养相结合的养老服务体系。"②这是新时代我国养老服务体系的重大发展创新,实现了从

---

① 习近平. 在北京市看望一线职工和老年群众时的讲话[N]. 人民日报,2013 – 12 – 29.
② 习近平强调推动老龄事业全面协调可持续发展[N]. 人民日报,2016 – 05 – 29.

"托养类基础服务"向"医养服务"的"质的飞跃",以满足老年人多层次、多样化的养老服务需求、健康老龄化的需求,养老服务体系的构建也从补缺型、碎片化向体系化、制度化、多元化转变。

为提高养老服务质量,习近平总书记强调:"要按照适应需要、质量优先、价格合理、多元供给的思路,尽快在养老院服务质量上有个明显改善,加快建立全国统一的服务质量标准和评价体系,加强养老机构服务质量监管。"[①]2017 年党的十九大胜利召开,党的十九大报告中强调,要"积极应对人口老龄化,构建养老、孝老、敬老政策体系和社会环境,推进医养结合,加快老龄事业和产业发展"。这是紧密结合新时代的历史使命和我国社会主要矛盾的变化取得的理论创新成果,是以习近平同志为核心的党中央科学应对人口老龄化的核心要义和理论指南。

2019 年 4 月,国务院办公厅发布《关于推进养老服务发展的意见》,从深化放管服改革、拓宽养老服务投融资渠道、扩大养老服务就业创业、扩大养老服务消费、促进养老服务高质量发展、促进养老服务基础设施建设六大方面推进养老服务发展,健全多层次养老服务体系,在保障人人享有基本养老服务的基础上,有效满足老年人多样化、多层次养老服务需求。我国的养老服务体系逐步实现转变,从面向特殊困难老年人的补缺型服务向面向所有老年人的基本养老服务转变,从单一居家养老为主向居家社区机构协调拓展服务方式转变,从政府举办为主向社会力量多元参与转变。构建中国特色多层次养老服务体系,让每一位老年人能"老有所养、老有所依、老有所乐、老有所安"。党的十九届四中全会做出了坚持和完善中国特色社会主义制度,推进国家治理体系和治理能力现代化的决定。在此次会议上,习近平

---

① 习近平. 从解决好人民群众普遍关心的突出问题入手,推进全面小康社会建设[N]. 人民日报,2016 - 12 - 22.

总书记提出,"积极应对人口老龄化,构建养老、孝老、敬老政策体系和社会环境,推进医养结合,加快老龄事业和产业发展。"体现了以"健康为中心"应对人口老龄化,以"全生命周期"为核心理念发展健全多层次养老服务体系。根据这个重要精神,2019 年 11 月 21 日,中共中央、国务院印发了《国家积极应对人口老龄化中长期规划》,明确了我国积极应对人口老龄化的战略目标和具体工作任务,该规划是我国积极应对人口老龄化的战略性、综合性、指导性文件。

对于推进养老服务体系的建设,以习近平同志为核心的党中央高度重视,在不断出台的政策、市场、技术等多重因素持续推动下,我国养老服务体系日臻健全,并逐渐形成了新时代养老服务发展新格局。新时代,新的人口结构变化,快速发展的人口老龄化,对于养老服务体系,亟须一种全新的养老理念,更需要构建积极健康完善的养老服务体系。这就需要我们继续完善多方面支持、全面开展、透明公开、延续性强的养老服务系统,把养老保险、养老福利、养老救助和养老慈善公益有机衔接,无论是城镇居民还是农村老人都能平等享有积极养老的春风,将老年人对于幸福晚年的要求落到实处,使其基本物质保证、医疗保证、日常活动照管等需要得到更有力的支撑和关照,注重公平且实现养老保障的多元发展是"积极养老"理念重要的基础支撑。

4. 完善顶层设计,推进制度建设

近些年来,我国人口老龄化进程明显加快,2030 年前后将迎来老龄化高峰期。国际经验表明,人口老龄化是一个不可逆转的过程,因此我国应从劳动力市场改革、社会保障制度、老龄产业发展、教育政策、创新型国家建设等方面加快进行顶层设计,积极应对人口老龄化。对于加强老龄工作顶层设计,以习近平同志为核心的党中央高屋建瓴,从实现中华民族伟大复兴的中国梦出发、推动国家整体发展全局的战略高度出发,老龄化应对及养老服务发展的顶层设计进一步完善。习近平总书记指出:"有效应对我国人口老龄化,事关国家发展全局,事关亿万百姓福祉。要立足当前,着眼长远,加强顶层设计,完善生育、就业、养老等重大政策和制度,做到及时应对、科学应对、综合应对。此事要提上重要议事日程,'十三五'期间要抓好部署、落实。"①习近平总书记将人口老龄化的应对提高到国家高度,特别强调要"加强顶层设计",并首次提出"及时、科学、综合"应对人口老龄化的具体举措。对于人口老龄化积极应对的顶层设计,第一,体现在思路方面由"应急补缺"向"超前规划"转变;第二,体现在理念上由"被动适应"向"积极应对"转变;第三,体现在应对方法上由"一体化推进"向"分类指导、因地制宜"转变。党的十八大以来,出台了300多项政策配套措施,实现了老龄化应对的有法可依、有章可循。

2013年4月26日,习近平总书记在主持中央政治局常委会研究当前经济形势和经济工作时强调,"完善城乡居民养老保险制度,推进基本医疗保险城乡统筹,完善低保、重特大疾病保障和救助制度。"2013年9月,《国务院关于加快发展养老服务业的若干意见》发布实施后,我国养老服务业发展进入了"加速期",每千名老年人所拥有的养老床位数在不断增加,但总体来说,因我国只用了不足二十年就进入老龄化社会,"未富先老""未备先老"成为人口老龄化应对中的挑战,相较于快速发展的老龄化,我国的养老服务业发展却相对滞后,有效供给不足、监管不到位、养老服务质量参差不齐等诸多问题依然突出,因此对于养老服务业如何发展,就需要进一步厘清政府、社会、市场的责任,充分发挥社会力量在养老服务业发展中的作用,逐渐完善"以居家为基础、社区为依托、机构为补充、医养相结合"的养老服务体系,

---

① 习近平.加强顶层设计完善重大政策制度,及时科学综合应对人口老龄化[N].人民日报,2016-02-24.

并逐步建立"保险、福利和救助相衔接的长期照护保障制度,"加大对经济困难高龄、失能老人的长期照护补贴,实现"老有所养"最终目标,满足老年群体多层次、多样化的养老服务需求。居家、社区、机构"三位一体"的"养老服务布局"是习近平总书记针对我国人口老龄化发展现状及发展趋势所做的积极应对举措,也是传统的"居家养老模式"向"多元化""社会化""市场化"养老模式的转型,政府、社会、家庭多方共担责任的养老服务机制逐渐形成,而"医养结合"养老模式的发展也契合了老年人日益增长的对于"高质量养老"的现实需求,既彰显了我国的制度优势,又满足了老年人对于健康养老及高质量发展的需求。

随着养老服务顶层设计不断完善,相应的配套政策不断出台。2014年8月,财政部、国家发改委、民政部、全国老龄工作委员会办公室联合发布《关于做好政府购买养老服务工作的通知》,明确规定到2020年,基本建立比较完善的政府购买养老服务制度。2015年2月,民政部发布《关于鼓励民间资本参与养老服务业发展的实施意见》,鼓励民间资本参与居家、社区和机构养老服务;2015年11月,国务院办公厅转发《关于推进医疗卫生与养老服务相结合的指导意见》指出,鼓励社会力量兴办医养结合机构。

我国的养老服务体系建设在以习近平同志为核心的党中央的特别关心及支持下,被纳入"十三五"国民经济和社会发展规划纲要,《关于全面放开养老服务市场提升养老服务质量的若干意见》等相关的政策文件陆续出台,为实现政府、家庭和社会等多方对老年人的深切关怀和全面保障夯实政策基础。

2016年5月,十八届中央政治局第三十二次集体学习时,习近平总书记强调,在"要着力完善老龄政策制度。要完善养老和医疗保险制度,落实支持养老服务业发展、促进医疗卫生和养老服务融合发展的政策措施。"等老龄工作的多个方面做了具体要求,"搞好顶层设计,不断完善老年人家庭赡养和扶养、社会救助、社会福利、社会优待、宜居环境、社会参与等政策,增强政策制度的针对性、协调性、系统性。""加快发展多层次、多支柱养老保险体系,更好满足人民群众多样化需求。"

2016 年 7 月,《关于开展长期护理保险制度试点的指导意见》正式发布,开始在 14 个省份开展长期护理保险制度的试点工作。同年 12 月,《国务院办公厅关于全面放开养老服务市场 提升养老服务质量的若干意见》发布,从出台《关于加快发展养老服务业的若干意见》为社会养老服务体系的构建提供相应的政策依据,到印发《关于全面放开养老服务市场提升养老服务质量的若干意见》将养老服务市场的大门彻底打开,紧跟着顶层设计的步伐,各地各部门持续加大政府资金投入,加强养老设施建设,为养老服务提供了良好的硬件支持。

2020 年 9 月,《关于扩大长期护理保险制度试点的指导意见》正式发布,至此,已试点 4 年多的长期护理保险制度又新增 14 个试点城市(区),不仅进一步健全了我国的社会保障体系,同时,也为重度失能人员提供了长期护理保障。

5. 应保尽保,健全社保兜底线

党的十八大以来,以习近平同志为核心的党中央将"健康中国"——实现全民健康目标作为全面建成小康社会的重要内涵。全面建成小康社会是中国共产党提出的第一个百年奋斗目标,这一目标不仅是我国经济发展的指引,更是我国社会保障制度发展及完善必须服务的方向,"千钧将一羽,轻重在平衡"。全面小康,覆盖的领域要全面,是五位一体的全面小康。习近平总书记指出:"全面建成小康社会,强调的不仅是'小康',而且更重要的也是更难做到的是'全面'。"①总书记所强调的"全面"指的是发展的平衡性、

---

① 习近平.在党的十八届五中全会第二次全体会议上的讲话(节选)[J].求是,2016(01).

协调性、可持续性,当前我国发展中不平衡、不充分的问题依然突出,民生领域尚存在许多短板和不足,在全面建成小康过程中,农村贫困人口的脱贫是最大的短板,为此农村贫困人口顺利脱贫成为全面建成小康社会的基本标志。

2015年2月,习近平总书记在陕西视察时指出,"要健全以保障基本生活为主的社会保障制度,做到保基本、兜底线,在医疗、养老、住房等方面提供基本保障,让群众病有所医、老有所养、住有所居。""要健全社保兜底机制,完善最低生活保障制度,实现应保尽保,确保兜住基本生活底线。"充分表明了习近平总书记对于民生保障的"民生观",不断改善民生体现了我们党"民生优先""民生至上"的价值体现。作为民生领域的重点,也作为我国改革中的重要问题之一,养老问题的妥善解决刻不容缓。正如习近平总书记所说:"我们党和政府做好一切工作出发点、落脚点都是让人民过上好日子。"尤其是我国经济下行压力增大、经济转型升级、结构调整的关键时期,更要妥善处理好发展与稳定的关系,坚持稳中求进的工作总基调,守住民生底线,让各个阶层都有获得感、幸福感、安全感,因此,"社会政策托底"尤为重要,特别是困难群体的保障问题更为重要,对此,习近平总书记提出"守住底线、突出重点、完善制度、引导预期"四句话的工作思路,指出,"要重点保障低收入群众基本生活,集中力量做好普惠性、基础性、兜底性民生建设,针对特定人群特殊困难加强帮扶,做好就业和社会保障工作,切实保障基本民生,坚决守住社会稳定的底线。"这一工作思路为我国的民生建设指明了方向,也取得了显著成就。

尤其是党的十八大以来,以习近平同志为核心的新一届中央领导集体坚持以"马克思反贫困理论"为指导,总结吸取长期以来扶贫事业取得的经验教训,把扶贫工作纳入"五位一体"总体布局和"四个全面"战略布局中,创新提出了将扶贫开发与精准扶贫、精准脱贫相结合的中国特色扶贫方针。

关于精准扶贫,习近平强调,要解决好"怎么扶"的问题,按照贫困地区和贫困人口的具体情况,实施"五个一批"工程。其中之一就是"社会保障兜底一批",对贫困人口中完全或部分丧失劳动能力的人,由社会保障来兜底,统筹协调农村扶贫标准和农村低保标准,加大其他形式的社会救助力度。现阶段,社会保障与扶贫开发两项制度体系不断融合、相互对接,使得社会保障的兜底扶贫制度体系不断完善。当前,我国已出台了不少有关社会救助的政策,比如农村低保制度,这使社会保障与扶贫开发得到良好的对接。建档立卡的农村贫困人口包括残疾人、留守儿童等也有相应的生活补贴以及其他救助措施。此外,我国在社会保险推进扶贫方面也提出了相应的保障措施。之所以能够如期取得脱贫攻坚的全面胜利,和"社会保障兜底"政策的不断完善密不可分。

习近平总书记指出:"我们立足我国国情,把握减贫规律,出台一系列超常规政策举措,构建了一整套行之有效的政策体系、工作体系、制度体系,走出了一条中国特色减贫道路,形成了中国特色反贫困理论。"[①]习近平总书记首次提出"中国特色反贫困理论"这一重要论断,揭示了中国脱贫攻坚战的制胜法宝。精准扶贫、精准脱贫作为中国扶贫理论和实践的重大创新,源于习近平总书记长期的理论思考与实践探索,其核心内容中的"社会保障兜底一批"作为脱贫攻坚"兜底保障",成为打赢脱贫攻坚战的坚实保障。

6.统筹谋划,将积极应对"人口老龄化"上升为国家战略

随着我国社会主要矛盾发生变化,当前,解决我国老龄问题的关键在于如何满足老年人日益增长的美好生活需要,让老年人健康幸福地安度晚年。习近平总书记高度重视老龄工作,旨在"让所有老年人都能老有所养、老有

---

① 习近平.在全国脱贫攻坚总结表彰大会上的讲话[N].人民日报,2021-02-28.

所依、老有所乐、老有所安"①。并要"坚持应对人口老龄化和促进经济社会发展相结合,坚持满足老年人需求和解决人口老龄化问题相结合"②。2019年11月,中共中央、国务院印发《国家积极应对人口老龄化中长期规划》,该《规划》明确了积极应对人口老龄化的战略目标及应对人口老龄化的具体工作任务。2020年10月,党的十九届五中全会将"积极应对人口老龄化上升为国家战略"。这是党的文献首次将积极应对人口老龄化上升到国家战略层面,其核心要义关键在于"积极"二字,作为社会治理的重要组成部分,如何更好地满足老年人的养老服务需求是积极应对人口老龄化的核心及关键,也是习近平新时代中国特色社会主义思想的重要组成部分,将对我国"十四五"时期的经济社会发展乃至全面建设社会主义现代化强国进程产生重大而深远的影响。以此为抓手,在高质量发展战略引领下,以"深化供给侧改革"为主线,构建积极、健康、完善的多元化养老服务体系。"积极应对人口老龄化上升为国家战略"是实现第二个百年奋斗目标——建设社会主义现代化强国的有力之举。以习近平同志为核心的党中央强调要贯彻落实积极应对人口老龄化国家战略,将积极老龄观、健康老龄化理念融入经济社会发展全过程。强调"到2022年,我国积极应对人口老龄化的制度框架初步建立;到2035年,积极应对人口老龄化的制度安排更加科学有效;到21世纪中叶,与社会主义现代化强国相适应的应对人口老龄化制度安排成熟完备"。

2021年5月31日,习近平总书记主持召开中央政治局会议,听取"十四五"时期积极应对人口老龄化重大政策举措汇报,审议《关于优化生育政策促进人口长期均衡发展的决定》时强调,"要贯彻落实积极应对人口老龄化

---

① 习近平元旦前夕在北京市看望一线职工和老年群众[N].人民日报,2013-12-29.
② 习近平强调推动老龄事业全面协调可持续发展[N].人民日报,2016-05-29.

国家战略,加快建立健全相关政策体系和制度框架。要稳妥实施渐进式延迟法定退休年龄,积极推进职工基本养老保险全国统筹,完善多层次养老保障体系,探索建立长期护理保险制度框架,加快建设居家社区机构相协调、医养康养相结合的养老服务体系和健康支撑体系,发展老龄产业,推动各领域各行业适老化转型升级,大力弘扬中华民族孝亲敬老传统美德,切实维护老年人合法权益。"该决定的出台对于有效应对人口老龄化、改善人口结构意义重大。

7. 挖掘潜能,充分发挥老年群体作用

"莫道桑榆晚,为霞尚满天。"我们不仅要积极看待老龄社会,正确看待人口老龄化是经济社会发展的必然结果,还要充分认识到老年人是社会的宝贵财富,仍然能够在工作、生活中大有作为。对此,习近平总书记指出:"要着力发挥老年人积极作用。要发挥老年人优良品行在家庭教育中的潜移默化作用和对社会成员的言传身教作用,发挥老年人在化解社会矛盾、维护社会稳定中的经验优势和威望优势,发挥老年人对年轻人的传帮带作用。"[①]逐步实现老年人由单纯的"养"向"养、用"并举转变,要实现这一转变,要树立和培育"积极老龄观"。坚持满足老年人需求和解决人口老龄化问题相结合,不断满足老年人日益增长的美好生活需要,推动我国老龄事业全面协调可持续发展。树立和培育积极老龄观,习近平总书记强调"三个积极",即积极看待老龄社会、积极看待老年人和老年生活、积极拓展老年人发挥作用的领域,多方搭建老年人发挥作用的平台。

习近平将"努力挖掘人口老龄化给国家发展带来的活力和机遇"作为重要课题之一,明确要求:"要为老年人发挥作用创造条件,引导老年人保持老

---

① 习近平强调推动老龄事业全面协调可持续发展[N].人民日报,2016-05-29.

骥伏枥、老当益壮的健康心态和进取精神,发挥正能量,做出新贡献。"①深挖老年人潜能,为老年人创造有利条件及环境,以利于他们积极效用的发挥,尤其是当下,我们老龄化已经步入"快车道","十四五"期间,我国老龄人口将超过 3 亿人,"中度老龄化"已经是大势所趋,并且我国劳动年龄人口数量从 2012 年开始出现下降,年均减少 300 万以上,并且减少幅度在加大,预计"十四五"期间还将减少 3500 万人。人口老龄化及生育率的下降,劳动力成本上升成为我国经济发展中要面对的问题。随着老龄人口的不断增加,如何充分发挥老年人的作用,挖掘老年群体的潜能就成为老龄化背景下我们的重要课题之一。充分挖掘老年人潜能,一方面可以有效引导老年人保持积极向上的健康心态,发挥老年人的余热,实现自身的价值;另一方面,让身体健康且有一技之长的"老年劳动力资源"能够在一定程度上得到有效利用,有效缓解劳动力资源紧张。

要深挖老年人的潜能,习近平总书记要求,"要为老年人发挥作用创造条件",充分贯彻落实总书记的重要指示精神,扎实做好这项工作,就需要不断完善相关政策措施。除了要做好老年人人力资源开发利用发展规划,做好顶层设计之外,还需要制定有利于老年人进入劳动力市场的法律法规和政策以破除政策瓶颈,在不断拓展老年人力资源开发利用渠道的同时提升老年人的就业能力,出台老年人力资源开发的支持政策等。因此,加强老年人力资源开发就成为积极应对人口老龄化的重要举措,对缓解我国人口老龄化压力、减轻家庭和社会负担、提高人力资本整体水平具有重要意义。

践行"老有所为",是实现我国经济持续健康发展以及社会和谐稳定的福音。充分把握老龄问题的发展规律,是统筹各种力量、资源和手段,进而形成强大合力的前提和基础,应对人口老龄化带来的问题需坚持及时应对、

---

① 习近平强调推动老龄事业全面协调可持续发展[N]. 人民日报,2016 – 05 – 29.

科学应对、综合应对。

（三）新时代我国养老服务的精神特质

对于我国人口老龄化问题,以习近平同志为核心的党中央高度重视,2019 年 11 月中共中央、国务院印发的《国家积极应对人口老龄化中长期规划》、2021 年 11 月印发的《关于加强新时代老龄工作的意见》及 2022 年 2 月印发的《"十四五"国家老龄事业发展和养老服务体系规划》等,共同构成了实施积极应对人口老龄化国家战略、实现老龄事业和产业高质量发展的顶层设计,都是我国老龄工作的纲领性文件,这些规划、意见等的出台,对于人口老龄化应对意义重大。习近平总书记在 2016 年中央政治局第 32 次集体学习时进行了精准的概括:"老年人口数量最多、老龄化速度最快、应对人口老龄化任务最重",这三个"最",科学揭示了我国人口老龄化的特征。习近平总书记依据我国人口老龄化的发展态势和养老状况,立足于发展战略大局,多次组织中央政治局进行专题学习,研究应对我国人口老龄化及养老应对问题,提出了诸多应对举措,形成了我国人口老龄化应对独特的精神特质,对于处理好养老等民生问题、推进我国的老龄事业及产业的发展,具有重大的理论意义及实践意义。

1. 始终坚持党的领导的老龄工作方针

老龄工作在党和国家发展大局中地位突出,党委领导、政府主导对养老服务业发展科学有效。党的十八大以来,以习近平同志为核心的党中央协调推进"四个全面"战略布局,全面从严治党作为"四个全面"战略布局之一,其核心是"加强党的领导",党的领导是中国特色社会主义最本质的特征,也是老龄工作的根本保证。新时代要做好老龄工作,必须始终坚持党对老龄工作的领导。对此,习近平总书记立足中国发展实际,多次对老龄工作做出重要指示,并指出了"加速老龄化"背景下老龄工作的思路及方法,提出"党委领导、政府主导、社会参与、全民行动"的老龄工作方针和"五个着力"的老龄工作具体要求,推动老龄事业全面协调可持续发展,这是对"党政主导、社会参与、全民关怀"老龄工作方针的进一步完善,将"党政主导"调整为"党委领导、政府主导",实现了老龄工作方针的历史性突破,也突出了党总揽全局、协调各方的领导核心作用,为新时代老龄工作提供了根本保障。党对老龄工作的领导,首先,是政治领导,主要体现在对老龄工作的顶层设计及坚持"党是总揽全局、协调各方"的核心作用;其次,是思想领导,主要体现在着力增强积极应对人口老龄化意识,树立正确的"老龄观";再次,是组织领导,一方面要健全完善党委统一领导下的、多方参与的协同联动的老龄工作机制及组织体系,另一方面要落实"党管干部、党管人才"的原则。强调了政府在制定法规政策、出台规划、建立制度、投入资金、提供信息、培育市场、实施监管、营造氛围等方面的主导作用。将"全民关怀"调整为"全民行动",做到政府、市场、社会三方同时发力,从实际出发,立足于老年人需求,厘清各方职责,健全工作机制,形成推动老龄事业全面协调可持续发展的更大合力,既突出了老年人的主体作用,又体现了老龄问题事关人人、解决老年问题需要多方参与的理念。

习近平总书记对老龄工作作出重要指示,要求各级党委和政府要高度重视并切实做好老龄工作,贯彻落实积极应对人口老龄化国家战略,把积极老龄观、健康老龄化理念融入经济社会发展全过程,加大制度创新、政策供给、财政投入力度,健全完善老龄工作体系,强化基层力量配备,加快健全社会保障体系、养老服务体系、健康支撑体系。

2. 充分践行以人民为中心的发展思想

让人民生活幸福是"国之大者"。习近平总书记强调,老龄工作"事关国家发展全局,事关百姓福祉",这是以习近平同志为核心的党中央从国家发展全局出发,对老龄工作进行的精准定位,充分阐明了新时代做好老龄工作、解决好养老问题的重要性,这一重要定位充分践行习近平总书记"以人民为中心的发展思想",积极应对人口老龄化,既是党中央、国务院准确把握我国人口老龄化发展趋势,所做出的"立足当下、着眼长远"的重大战略部署,也是事关中华民族伟大复兴战略全局的具有中国特色的应对方案,更是贯彻"以人民为中心"的发展思想的内在要求。习近平总书记指出:"中国秉持以人民为中心的发展思想,把改善人民生活、增进人民福祉作为出发点和落脚点,在人民中寻找发展动力、依靠人民推动发展、使发展造福人民。"①习近平总书记要求始终把人民立场作为根本政治立场,把人民利益摆在至高无上的地位,不断把为人民造福事业推向前进。

积极应对人口老龄化本身就是人民性的体现,是对人民负责,满足人民需求,解决人民的生活难题。2012年11月15日,刚刚当选中共中央总书记的习近平在同采访十八大的中外记者亲切见面时,就强调指出:"人民对美好生活的向往,就是我们的奋斗目标。"

习近平总书记强调,必须始终把人民放在心中最高的位置,始终全心全意为人民服务,始终为人民利益和幸福而努力奋斗。坚持以人民为中心,就是要紧紧抓住人民最关心最直接最现实的利益问题,以人民满意为尺度,将"增进民生福祉、促进人的全面发展、朝着共同富裕方向稳步前进作为经济工作的出发点及落脚点"②。这是马克思主义政党区别于其他政党的显著标志。党的十八大以来,以习近平同志为核心的党中央充分践行"人民至上、人民利益最大化"的执政理念,并创造性地提出了"以人民为中心"的发展思想,是马克思主义中国化的又一伟大创新。积极应对人口老龄化,健全可持

---

① 习近平主席在世界经济论坛2017年年会开幕式上的主旨演讲,新华社,2017-01-18.
② 习近平.在十八届中央政治局第一次集体学习时的讲话[EB/OL].求是网,2012-11-17.

续的多层次社会保障体系,完善养老服务体系和健康服务体系,构建养老、孝老、敬老的政策体系和社会环境,有利于满足人民日益增长的美好生活需要。践行以人民为中心的发展思想,是习近平新时代中国特色社会主义思想的核心,也是积极应对人口老龄化的着眼点。

3. 坚持公平正义、共享发展的原则

新时代我国老龄工作的开展及完善离不开符合中国国情的科学理念的引领,科学的理念是我国老龄工作发展和完善的基础。以习近平同志为核心的党中央根据我国老龄化发展的需要,结合老龄工作和养老服务发展的现实及长远发展,提出了旨在促进我国老龄工作更加公平、可持续发展的理念。保障和改善民生,就是要关注最广大人民的根本利益和要求。2015 年中央经济工作会议上,习近平总书记强调:"保障改善民生,要更加注重对特定人群特殊困难的精准帮扶。要在经济发展基础上持续改善民生,特别是要提高教育、医疗等基本公共服务数量和质量,推进教育公平。"[①]他同时强调坚持共享发展理念就是要解决社会公平正义问题,让广大人民群众共享改革发展成果,使全体人民朝着共同富裕方向稳步前进。2016 年 1 月 18 日,在省部级主要领导干部学习贯彻党的十八届五中全会精神专题研讨班上,习近平总书记指出:"落实共享发展是一门大学问,要做好从顶层设计到'最后一公里'落地的工作,在实践中不断取得新成效。"[②]让广大人民群众共享改革发展成果,是社会主义的本质要求,是社会主义制度优越性的集中体现,是我们党坚持全心全意为人民服务根本宗旨的重要体现。以习近平同志为核心的党中央根据新时代我国经济社会发展需要,紧扣全面建成小康社会和实现中华民族伟大复兴的中国梦,结合我国社会保障制度的现实和

---

① 习近平.对新常态怎么看,新常态怎么干.习近平谈治国理政(第二卷)[M].外文出版社,2017 年,第 244 页。

② 习近平.深入理解新发展理念[J].求是,2019(10).

长远发展,提出了一系列旨在促进中国社会保障制度更加公平、更可持续发展的新理念。

2013 年 12 月 28 日,习近平总书记在北京市海淀区四季青敬老院调研时强调,"要完善制度、改进工作,推动养老事业多元化、多样化发展,让所有老年人都能老有所养、老有所依、老有所乐、老有所安"。"尽力而为、量力而行"是习近平总书记关于做好民生工作的重要要求,做好民生就是要抓住人民最关心最直接最现实的利益问题,一件事情接着一件事情办、一年接着一年干。要多谋民生之利,多解民生之忧,在学有所教、劳有所得、病有所医、老有所养、住有所居上持续取得新进展。不仅强调要促进经济发展,努力把"蛋糕"做大,为实现公平正义提供坚实的物质基础;同时,要促进形成与经济社会发展相适应、高效合理的养老服务资源配置机制和供给机制,确保全体老年人共享全面建成小康社会新成果。

第二章
养老保险制度与养老服务支持政策

一、养老保险制度

（一）基本养老保险制度

基本养老保险是我国养老保险体系的第一支柱。新中国成立后,我国开始着手建立基本养老保险。改革开放以后,社会统筹与个人账户相结合的基本养老保险制度逐渐成熟。"统账结合"型基本养老保险制度是我国首创的一种基本养老保险制度,保险基金形式采用传统型的基本养老保险费用的筹集模式,即由国家、单位和个人共同负担,养老保险待遇实行社会互济;由个人账户和社会统筹构成,既体现了传统意义上的社会保险的社会互济、分散风险、保障性强的特点,又强调了职工的自我保障意识和激励机制。我国居民基本养老保险制度主要有以下三类构成。

1. 城镇企业职工基本养老保险制度

1997 年国务院发布《关于建立统一的企业职工基本养老保险制度的决定》（国发〔1997〕26 号），这是我国在全国范围内建立的第一项基本养老保险制度。城镇企业职工基本养老保险制度（下称"城职保"）适用于城镇各类企业职工和个体劳动者。2005 年 3 月，国务院发布《关于完善企业职工基本养老保险制度的决定》（下称"38 号文"），将企业职工基本养老保险制度覆盖范围扩大至"城镇各类企业职工、个体工商户和灵活就业人员"。

"城职保"参保人员的基本养老金由基础养老金和个人账户养老金组成。个人缴费年限累计满 15 年的参保职工按以下公式计算月退休金。

月退休金 = 省、自治区、直辖市或地（市）上年度职工月平均工资 ×20%＋本人账户储存额 ÷120

"38 号文"对基础养老金和个人账户储存额的计发月数做出了调整。基础养老金月标准以当地上年度在岗职工月平均工资和本人指数化月平均缴费工资的平均值为基数，缴费每满 1 年发给 1%。计发月数根据职工退休时城镇人口平均预期寿命、本人退休年龄、利息等因素确定，职工 60 岁退休时养老保险个人账户给付期为 139 个月。

企业职工基本养老保险制度建立以后，为了提升参保职工的养老待遇，自 2005 年开始增加养老金，截至 2021 年，已实现了企业职工养老金的"十七连增"，企业退休人员月人均基本养老金从 2005 年的 714 元增长至 2021 年的 2987 元，增长了 318%（详见表 2.1）。

我国养老金连涨除了物价和职工工资增长因素外，也与中央和地方各级财政提升参保职工养老待遇的"初衷"分不开。

自 2016 年开始，企业养老金增长幅度虽明显下降，但由于基数持续做大，所以参保职工养老金绝对值仍呈逐年上升的趋势，这充分体现了党中央增强人民群众的获得感、幸福感和安全感的以人民为中心的发展思想。

表2.1 我国企业退休人员基本养老金"十七连增"情况

单位:元

年 份	增长幅度	企业退休人员 月人均基本养老金	年 份	增长幅度	企业退休人员 月人均基本养老金
2005	10.0%	714	2014	10.0%	2100
2006	23.7%	835	2015	10.0%	2251
2007	9.1%	925	2016	6.5%	2362
2008	10.0%	1080	2017	5.5%	2510
2009	10.0%	1225	2018	5.0%	2660
2010	10.0%	1362	2019	5.0%	2787
2011	10.0%	1531	2020	5.0%	2940
2012	10.0%	1721	2021	4.5%	2987
2013	10.0%	1865			

数据来源:根据人力资源社会保障部相关数据计算得出

得益于各级财政补贴,在城镇职工基本养老保险制度完善过程中,参保人数和保险基金不断做大,详见表2.2。

表2.2 党的十八大以来我国城镇职工基本养老保险参保及基金情况

单位:万人、亿元

年 份	2013	2014	2015	2016	2017	2018	2019	2020
参保人数	32218	34124	35361	37930	40293	41902	43488	44376
基金收入	22680	25310	29341	35058	43310	51168	52919	44376
基金支出	18470	21755	25813	31854	38052	44645	49228	51301
基金结余	28269	31800	35345	38580	43885	50901	54623	48317

数据来源:相关年份人力资源和社会保障事业发展统计公报

2. 新型农村社会养老保险制度

我国在20世纪末就开始针对农民建立基本养老保险制度。1992年民政部颁布《县级农村社会养老保险基本方案》,规定农村社会养老保险基金筹集以个人缴费为主、集体补贴为辅；实行个人账户储备积累制，农民个人缴纳的保险费和集体对其补助全部记在个人名下；基金以县级机构为基本核算平衡单位，按国家政策规定运营；保险对象达到规定领取年龄时，根据其个人账户基金积累总额计发养老金。这项制度被称为"老农保"，在实践运行中，它还存在保障水平过低、缺乏政策扶持、政出多门、资金分散等问题。① 因此，1999 年国务院叫停"老农保"。2009 年 9 月 1 日，国务院发布《关于开展新型农村社会养老保险试点的指导意见》（下称"32 号文"），探索建立个人缴费、集体补助、政府补贴相结合的"新农保"制度，实行社会统筹与个人账户相结合，与家庭养老、土地保障、社会救助等其他社会保障政策措施相配套，以保障农村居民老年基本生活。

"新农保"参保人员的养老金待遇由基础养老金和个人账户养老金组成，支付终身。月退休金由两个部分构成：一是基础养老金，由中央基础养老金每人每月 55 元加上地方政府加发的基础养老金构成。② 二是个人账户养老金，由个人账户储存额 ÷139 计算确定，个人账户储存额依据参保人员选择的缴费标准确定，计发月份为 139 个月。

3. 城镇居民基本养老保险制度

随着企业职工养老保险制度和"新农保"制度的建立健全，已覆盖了城镇企业职工、农民，还有一部分尚未覆盖在内，也就是城镇非从业居民。为了实现基本养老保险制度全覆盖，2011 年 6 月，国务院发布《关于开展城镇居民社会养老保险试点的指导意见》，决定建立个人缴费、政府补贴相结合的城镇居民养老保险制度，实行社会统筹和个人账户相结合，与家庭养老、

---

① 杜智民,雷晓康,齐萌.我国西部城乡居民养老保险制度发展及政策评估[J].西安交通大学学报(社会科学版).2015(04);53 - 60.

② 2011 年 4 月,天津市人力资源和社会保障局、天津市财政局联合发布《关于 2011 年调整城乡居民养老保障待遇标准的通知》(津人社局发[2011]24 号),决定自 2011 年 1 月 1 日起,加发基础养老金每人每月 180 元。

社会救助、社会福利等其他社会保障政策相配套,保障城镇居民老年基本生活。

4.城乡居民基本养老保险制度

为落实党的十八大精神和十八届三中全会关于整合城乡居民基本养老保险制度的要求,2014 年 2 月,国务院发布《关于建立统一的城乡居民基本养老保险制度的意见》,决定合并新型农村社会养老保险和城镇居民社会养老保险,建立全国统一的城乡居民基本养老保险制度(下称"城居保")。

"城居保"参保人员的养老保险待遇由基础养老金和个人账户养老金构成,支付终身。月养老金的计算方法同"新农保"。

党的十八大以后,我国城乡居民基本养老保险参保人数、基金收入逐渐壮大,详见表 2.3。

表 2.3　党的十八大以来我国城乡居民基本养老保险参保及基金情况

单位:万人、亿元

年　份	2013	2014	2015	2016	2017	2018	2019	2020
参保人数	49750	50107	50472	50847	51255	52392	53266	54244
基金收入	2052	2310	2855	2933	3304	3838	4107	4853
基金支出	1348	1571	2117	2150	2372	2906	3114	3355
基金结余	3006	3845	4592	5385	6318	7250	8249	9759

数据来源:相关年份人力资源和社会保障事业发展统计公报

值得注意的是,中央政府一直在推进各种养老制度的并轨,以提升参保者的养老保障水平。第一次并轨就是城镇居民养老保险制度与"新农保"的并轨,有效提升了农村户籍的老年人的保障水平。第二次并轨发生在 2014年,人力资源和社会保障部、财政部联合印发《城乡养老保险制度衔接暂行办法》,决定自 2014 年 7 月 1 日起,城乡居民养老保险和城镇职工养老保险之间可以转移衔接,但要在参保人达到法定退休年龄①后进行。

5. 机关事业单位养老保险制度

综上,我国城镇企业职工、农村户籍和城镇居民都有了自己的养老保险制度,但还存在一块很大的空白,就是机关事业单位工作人员。新中国成立之初,国家颁布《关于退休人员处理办法的通知》,开始承担职工退休养老保障事务的职责,是一种财政供养型的传统退休制度,②被视为"社会主义制度优越性的具体体现"③。为了统筹推进城乡社会保障体系建设,2015 年 1 月,国务院印发《关于机关事业单位工作人员养老保险制度改革的决定》(下称"2 号文"),决定从 2014 年 10 月 1 日起改革机关事业单位工作人员退休保障制度,逐步建立独立于机关事业单位之外、资金来源多渠道、保障方式多层次、管理服务社会化的养老保险体系。

机关事业单位养老保险参保人员的养老待遇实行"老人老办法,新人新办法",以 2014 年 9 月 30 日为依据区分"中人"和"新人",确定不同的养老待遇。

(1)"中人"

"中人"是指 2014 年 9 月 30 日前参加工作、10 月 1 日后退休。"中人"养老待遇包括基础养老金、个人账户养老金和过渡性养老金。为了保证"中人"养老待遇不降低,国家自 2014 年 9 月 30 日起设置 10 年的过渡期,过渡期内实行新老办法对比,保底限高,也就是对新办法(含职业年金待遇)计发待遇低于老办法的,按老办法标准计发;高于老办法的,改革后第一年退休

① 目前,我国法定退休年龄为,正常退休:男满 60 周岁、女满 55 周岁(管理岗)或满 50 周岁(操作岗或个人缴费);特岗退休:男满 55 周岁、女满 45 周岁;病退:男满 50 周岁、女满 45 周岁。确定法定退休年龄依据本人出生日期,出生日期以参保人本人有效身份证件为准。中国大陆公民为居民二代身份证;港澳台同胞为通行证或居住证;外国人为护照或外国人永久居留证。

② 郑秉文. 机关事业单位养老金并轨改革:从"碎片化"到"大一统"[J]. 中国人口科学,2015(01).

③ 郑功成. 中国养老金:制度变革、问题清单与高质量发展[J]. 社会保障评论,2020(01).

的在老办法基础上发给超出部分的10%,第二年发给20%,依此类推。过渡期结束后退休的人员执行新办法。过渡性养老金以退休时本省上年度在岗职工月平均工资×本人视同缴费指数为基数,视同缴费年限每满1年发给1%。视同缴费指数根据本人退休时的职务职级(技术等级)和工作年限确定。也就是说退休时的职务越高、改革前的工龄越长,过渡性养老金越高。计算方法为:

月基本养老金 = 基础养老金 + 个人账户养老金 + 过渡性养老金

基础养老金 = 退休时本市上年度在岗职工月平均工资×(1 + 本人平均缴费工资指数)÷2×缴费年限(含视同缴费年限)×1%。其中,本人平均缴费工资指数 =(视同缴费指数×视同缴费年限 + 实际平均缴费指数×实际缴费年限)÷(视同缴费年限 + 实际缴费年限)

个人账户养老金 = 个人账户储存额÷计发月数

过渡性养老金 = 退休时本市上年度在岗职工月平均工资×本人视同缴费指数×视同缴费年限×1%

(2)"新人"

"新人"是指2014年10月1日及以后参加工作的人员,其基本养老金由基础养老金和个人账户养老金两部分组成。基础养老金,以本省上年度在岗职工月平均工资和本人指数化月平均缴费工资的平均值为基数,缴费每满1年发给1%。个人账户养老金,按照本人缴费额本息÷规定的计发月数计算。基本养老金待遇与本人缴费紧密挂钩,缴费水平越高、缴费时间越长、退休越晚基本养老金越高。计算方法为:

月基本养老金 = 基础养老金 + 个人账户养老金

基础养老金 = 退休时本市上年度在岗职工月平均工资×(1 + 本人平均缴费工资指数)÷2×缴费年限×1%

个人账户养老金 = 个人账户储存额÷计发月数

至此,我国基本保险制度范围实现了全覆盖,形成了从城镇到乡村,从企业到机关事业单位的城乡居民养老保险制度,建成了世界覆盖人群最大养老保障计划。

各类基本养老保险制度基本情况详情见表2.4。

表2.4　我国基本养老保险制度基本内容

基本养老保险制度种类	覆盖范围	缴费比例	养老待遇领取条件
城镇企业职工基本养老保险制度	城镇各类企业职工、个体工商户和灵活就业人员。	自2019年5月1日起,个人缴费比例为个人缴费工资的8%,单位缴费比例不高于16%。	达到国家法定退休年龄,参保职工累计缴费年限满15年,可以办理退休并按月享受养老金;累计缴费年限不满15年的,需补足所差年限的养老保险费。
新型农村社会养老保险制度	年满16周岁(不含在校学生)、未参加城镇职工基本养老保险的农村居民。	年缴费自100元至500元设置五档标准,参保人自主选择档次缴费,多缴多得。	参加"新农保"的农村居民年满60周岁,累计缴费年限满15年,自批准次月起按月领取养老待遇;累计缴费年限不满15年的,需补足所差年限的养老保险费。
城乡居民基本养老保险制度	非国家机关和事业单位工作人员及不属于职工基本养老保险制度覆盖范围的城乡居民。	年缴费自100元至2000元设置十二档标准,参保人自主选择档次缴费,多缴多得。	参保居民年满60周岁,累计缴费年限满15年,自批准次月起按月领取养老待遇。累计缴费年限不满15年的,需补足所差年限的养老保险费。

续表

基本养老保险制度种类	覆盖范围	缴费比例	养老待遇领取条件
机关事业单位基本养老保险	按照公务员法管理的单位、参照公务员法管理的机关(单位)、事业单位及其编制内的工作人员。	个人缴费比例为个人缴费工资的8%,单位缴费比例不高于16%。	达到法定退休年龄的参保险人员,同时符合下列条件的,按月领取基本养老金:单位和本人按规定缴纳基本养老保险费;缴费年限(含视同缴费年限)不低于15年。

（二）补充养老保险制度

1. 企业年金制度

企业年金制度是企业及其职工在依法参加基本养老保险的基础上,自主建立的补充养老保险制度。我国从1991年开始在部分大型企业集团中建立企业年金,但最初规模较小,1991年至2000年的10年间累计的年金总额只有192亿元,其后,基金规模迅速增长。2003年12月,原劳动社会保障部颁布《企业年金试行办法》,决定通过国家政策规范企业为个人进行的补充性养老保险福利,并大力推行此类型的养老保险,以缓解基本养老保险领取额较低的局面。2007年12月,人力资源和社会保障部颁布《企业年金办法》,针对企业年金制度进行了修订和完善。

党的十八大以来,我国企业年金参保人数和基金规模节节攀升,形成了我国养老保障制度的重要组成部分,我国企业年金参保及基金积累情况详见表2.5。

表 2.5　党的十八大以来我国企业年金参保及基金情况

单位:万人、亿元

年　份	2013	2014	2015	2016	2017	2018	2019	2020
参保人数	2056	2293	2316	2325	2331	2388	2548	2718
基金结余	6035	7689	9526	11075	12880	14770	17985	22497

数据来源:相关年份人力资源和社会保障事业发展统计公报

2.职业年金制度

职业年金是机关事业单位在参加机关事业单位基本养老保险的基础上建立起来的补充保险制度。2015 年国务院发布《机关事业单位职业年金办法》,规定从 2014 年 10 月 1 日起实施机关事业单位工作人员职业年金制度,职业年金所需费用由单位和工作人员个人共同承担,其中,单位缴纳职业年金费用的比例为本单位工资总额的 8%,个人缴费比例为本人缴费工资的 4%,由单位代扣。

2016 年 10 月,人力资源和社会保障部、财政部联合印发《职业年金基金管理暂行办法》,对职业年金管理职责、基金投资、收益分配及费用、计划管理及信息披露、监督检查等方面作出明确规定。

2018 年 4 月,人力资源和社会保障部办公厅、财政部办公厅联合发布《关于规范职业年金基金管理运营有关问题的通知》,职业年金基金稳步步入市场化投资运营新阶段。截至 2021 年 5 月底,全国 33 个职业年金计划(含 31 个省市自治区、央保中心和新疆建设兵团)全部投入投资运作。得益于制度的逐步完善,我国职业年金覆盖范围和基金收入有了较大提升。截至 2021 年底,覆盖人群已超过 4000 万人,基金累计规模超过 1.3 万亿元。

（三）商业养老保险

商业养老保险是我国养老保险体系的第三支柱,是在国家给予税收支持基础上形成的个人养老金制度。我国商业养老保险是从 1990 年开始的。2003 年 10 月,党的十六届三中全会通过《关于完善社会主义市场经济体制若干问题的决定》,提出"鼓励有条件的企业建立补充养老保险,积极发展商业养老、医疗保险"。时任中国银行保险监督管理委员会主席的吴定富撰文指出,商业保险是社会保障体系的重要组成部分,可以通过灵活多样的保障产品弥补社会保险的不足,丰富和完善国家社会保障体系。2017 年 6 月,国务院办公厅发布《关于加快发展商业养老保险的若干意见》,强调发展商业养老保险,对于健全多层次养老保障体系,促进养老服务业多层次多样化发展,应对人口老龄化趋势和就业形态新变化,进一步保障和改善民生,促进社会和谐稳定等具有重要意义。

我国商业养老保险可以分为以下四种:

1. 传统商业养老保险

这种商业养老保险具有固定缴费、固定领取、定额利息的特征。投保人可根据保险公司的费率表,自行确定缴费年限、缴费数额和领取养老金的时间。传统商业养老保险易于理解,便于操作,能按照固定利率(一般为 2.0% ~ 2.4%)获取收益,但难以抵抗通货膨胀。

2. 分红型商业养老保险

这类养老保险具有保底利率(一般为 1.5% ~ 2.0%),但主要收益来自保险公司的分红,它能够避免通货膨胀,但收益取决于保险公司,在选择分红型商业养老保险的时候要谨慎选择保险公司。

以中国人寿保险公司为例,该公司发行的分红型商业养老保险包括:国寿福瑞人生两全保险、国寿智力人生两全保险、国寿安欣无忧产品组合、国寿福禄呈祥两全保险、国寿鸿裕两全保险、国寿瑞鑫(金账户)版组合计划、国寿绿荫呵护少儿两全保险、国寿鸿丰 B 两全保险、国寿瑞鑫两全保险、国寿鸿富两全保险、国寿金彩明天两全保险、国寿安享一生两全保险、国寿鸿鑫两全保险、国寿千禧理财两全保险、国寿鸿丰两全保险、国寿鸿盈两全保险、国寿美满一生 5 年期、国寿金彩明天两全保险、国寿福禄双喜两全保险、国寿鸿康两全保险、国寿美满一生 12 年期、国寿鸿禧年金保险、国寿新鸿泰两全保险、国寿鸿泰两全保险、国寿鸿星少儿两全保险、国寿鸿盛终身寿险、国寿鸿祥两全保险、国寿福禄双喜至尊版组合计划、国寿福满一生两全保险、国寿新鸿泰金典版两全保险、国寿美满人生至尊版年金保险、国寿福禄尊享两全保险、国寿美满人生年金保险、福禄鑫尊两全保险、国寿金鑫两全保险、国寿鑫裕养老年金保险、国寿福禄金尊两全保险、国寿鸿福相伴两全保险、福星高照终身寿险、国寿美满一生年金保险。

3. 万能型商业养老保险

这类保险的账户透明,存取灵活,可以抵御银行利率波动和通货膨胀的影响,在扣除初始费用和成本后保费进入个人投资账户,有保底收益(一般为 1.75% ~ 2.5%,有的与银行一年期定期税后利率挂钩),兼具养老投资功能。以太平人寿为例,该公司发行了太平 e 养添年养老年金 + 荣耀金账户终身寿险、太平 e 养添年养老年金 + 荣耀钻账户终身寿险、慧有钱 1 号年金保险等,均属于万能型商业养老保险。

4. 投连型商业养老保险

这类保险集团投资和保险于一身,不设保底收益,设有不同风险类型的账户,与不同投资品种的收益挂钩,盈亏全由投保人自行承担。以泰康人寿为例,该公司发行的五年定期保证收益账户、进取型投资连结账户、稳健收益型投资账户、平衡配置型投资账户、积极成长型投资账户、基金精选投资账户、开泰稳利精选型投资账户、货币避险型投资账户、优选成长型投资账户、创新动力型投资账户、行业配置型投资账户、沪港深精选型投资账户、安盈回报型投资账户、多策略优选型投资账户等均为投连型商业养老保险。

国家出台了支持商业养老保险的税收支撑政策,允许投保人在税前列支保费,在领取保险金时再缴纳税款,这就是个人所得税递延。实际上,国家通过个人所得税递延让渡了此笔税款的时间价值。在正常情况下,随着个人收入的逐步增加,个人所得税的免征额的逐步提升,递延税款缴纳时间,纳税人的税款缴付能力明显增强,也可能因为免征额的提升豁免了纳税义务。

2018 年 4 月 15 日,财政部等五部委联合发布《关于开展个人税收递延型商业养老保险试点的通知》,决定在上海市、福建省和苏州工业园区三地实施税延型养老保险试点。试点政策内容包括:按照应纳所得税额的 6% 与 1000 元孰低办法确定扣除限额,这部分在计算缴纳个人所得税时予以税前抵扣;计入个人商业养老资金账户的投资收益,暂不征收个人所得税;个人领取商业养老金时再征收个人所得税;个人符合规定条件领取养老金时享受 25% 的免税政策,其余的 75% 按照 10% 的低税率计算缴纳个人所得税。由此可以看出,试点政策通过递延纳税义务、免税部分所得和较低的税率有效降低了参保人的纳税义务。

举个例子,福建厦门经济特区李某,年应纳税所得额为 36 万元,享受每月 1000 元的抵扣限额(因为 30000 元的 6% 超过 1000 元),则每月免税额为 250 元(1000 元 × 25%)。假定这项政策延续了 20 年,李某支付的商业养老保险金实现投资收益 60 万元,则李某领取养老金时,60 万元的 25% 免交个人所得税,剩余的 45 万元按照 10% 的比例税率缴纳 4.5 万元的个人所得税,如果李某不享受递延个人所得税的政策,则需要缴纳税款 21 万元[①],两者相较,节税达 16.5 万元,效果是非常明显的。

2018 年 4 月 25 日,中国银保监会、财政部、人力资源和社会保障部、国家税务总局联合发布《个人税收递延型养老保险产品开发指引》,明确了产

---

① 应纳税额 = $1000 \times 25\% \times 12 \times 20 + 600000 \times 25\% = 210000$(元)。

品设计原则、要素及管理收费模式。截至2019年底,中国银行保险监督管理委员会累计批准了23家保险公司经营税延型商业养老保险。截至2020年4月,三个试点地区已累计实现保费收入3.03亿元,购买商业养老保险的人数达到4.7万人。[①] 应该说,我国第三支柱养老保险尚在起步阶段,被寄予厚望。

2021年9月10日,银保监会发布《关于开展养老理财产品试点的通知》,决定在武汉、成都、深圳、青岛依托工银理财、建信理财、招银理财、光大理财开展为期一年养老理财产品试点,每家金融机构募集资金规模为100亿元。此次试点的养老理财产品具有三个特点:第一,强调稳健性。募集的资金主要投向固定收益类资产,引入目标日期策略、平滑基金、风险准备金、减值准备等,增强风险抵御能力。第二,强调长期性。封闭式产品投资期限为5年,相对于一般银行理财产品的期限延长了很多,保证了资金的稳定性。同时理财基金产品都设置了赎回、分红机制。第三,强调普惠性。试点养老理财产品起购金额为1元,个人投资者最高投资额不得超过300万元,认购费和销售服务费均为零,管理费低至千分之一。2021年12月6日,养老理财产品正式发售,销售情况火爆,部分银行首日销售额接近30亿元。养老理财产品的推出是我国应对人口老龄化的一种金融模式创新,低至1元起购额和高安全性能极大限度地撬动社会资金,有利于丰富第三支柱养老金融产品供给,营造人人关注养老服务的社会氛围。

由于市场反应较好,2022年2月25日,银保监会发布《关于扩大养老理财产品试点范围的通知》,增加了北京、沈阳、长春、上海、广州、重庆6个试点城市,试点金融机构也增加了7个,分别为交银理财、中银理财、农银理财、

---

① 周慧、李致鸿. 社区养老成焦点,有提案建议政府建立兜底机制[N].21世纪经济报道,2020 - 05 - 22.

中邮理财、光大理财、兴银理财和信银理财。募集资金总规模方面,第一批开展试点的工银理财、建信理财、光大理财和招银理财,单家机构的上限由100亿元提高至500亿元,新增的试点理财公司,单家机构的上限为100亿元。同时规定,试点理财公司可以自主决定在10个试点城市发行理财产品,不再受1至2个城市的数量限制。由于受到市场的追捧,笔者预测,试点地区、试点机构和募集资金规模都会增加,比如,天津、西安等。

(四)全国社会保障基金

全国社会保障基金是2000年8月经国务院批准设立的、用于弥补今后人口老龄化高峰时期社会保障需要的国家战略储备。全国社会保障基金初始出资额为200亿元。为了做大基金规模,国务院单独成立理事会,进行投资运营。全国社会保障基金理事会负责管理运营全国社会保障基金;受国务院委托集中持有管理划转的中央企业国有股权,单独核算,接收考核和监督;经国务院批准,受托管理基本养老保险基金投资运营;根据国务院批准的范围和比例,直接投资运营或选择并委托专业机构运营基金资产。定期向有关部门报告投资运营情况,提交财务会计报告,接受有关部门监督。

全国社保基金理事会的一项重要功能是受托试点省份基本养老保险个人账户基金的投资管理。2007年2月,财政部、人力资源社会保障部联合发布《做实企业职工基本养老保险个人账户中央补助资金投资管理暂行办法》(财社〔2007〕8号),其后,天津、山西、吉林、黑龙江、山东、河南、湖北、新疆、湖南等省市自治区与全国社保基金理事会签署委托投资管理合同,个人账户基金纳入全国社保基金统一运营,作为基金权益核算。在全国社保基金理事会的努力下,受托经营管理的个人账户基金余额持续增长,2020年末,个人账户基金权益1,486.76亿元,其中,委托本金余额774.92亿元,累计投资收益余额711.84亿元;地方委托资金权益710.14亿元,其中,委托本金余额500亿元,累计投资收益余额210.14亿元。

经过二十多年,理事会对全国社会保障基金、个人账户基金和社会统筹基金的投资管理积累了丰富经验,秉承长期投资、价值投资、责任投资的理念,[①]基金规模迅速扩大。党的十八大以来基金资产规模和收益情况可详见表2.6。

表2.6　党的十八大以来全国社会保障基金资产与收益一览表

单位:亿元

年　份	2013	2014	2015	2016
资产规模	12415.64	15290.00	19138.21	20423.28
累计收益	4187.38	5580.00	7139.63	7416.74
年　份	2017	2018	2019	2020
资产规模	22231.24	22353.78	26285.66	29226.61
累计收益	8984.98	8431.06	12464.06	16250.66

数据来源:全国社会保障基金年度报告

二、养老服务支持政策

（一）国家层面养老服务支持政策

1. 财税政策

第一,增值税。增值税是针对我国境内以商品(含应税劳务)在流转过

---

① 郑秉文.全国社会保障基金理事会管理体制的转型与突破——写在基本养老基金投资进入市场之际.辽宁大学学报(哲学社会科学版). 2017(03).

083

程中产生的增值额作为计税依据而征收的一种流转税。我国现行增值税制度针对养老服务规定了多项减免税政策。一是对养老服务机构提供的养老服务免征增值税。[1] 二是对商业保险机构一年期以上人身保险保费收入免征增值税。三是对在社区提供日间照料、康复护理、助餐助行等服务的养老服务机构给予税费减免支持政策。

第二,城建税、教育费附加、地方教育费附加。我国税法规定,对养老服务机构等纳税人免征增值税的,相应免征城建税、教育费附加、地方教育费附加。

第三,房产税、城镇土地使用税。2019 年 6 月,财政部、国税总局、发展改革委、民政部、商务部、卫生健康委联合发布通知,规定为社区提供养老、托育、家政等服务的机构自有或其通过承租、无偿使用等方式取得并用于提供社区养老、托育、家政服务的房产、土地,免征房产税、城镇土地使用税。

第四,耕地占用税。养老服务机构占用耕地免征耕地占用税。

第五,企业所得税。其一,各类企业依照国务院有关主管部门或者省级人民政府规定的范围和标准为职工缴纳的基本养老保险费准予企业所得税税前扣除;企业为投资者或者职工支付的补充养老保险费在国务院财政、税务主管部门规定的范围和标准内,准予企业所得税税前扣除。[2] 其二,符合非营利性组织条件并取得免税资格认定的养老服务机构,取得属于免税范围的收入,免征企业所得税。[3] 其三,非营利组织的下列收入为免税收入:接受其他单位或者个人捐赠的收入;除财政拨款以外的其他政府补助收入,但不包括因政府购买服务取得的收入;按照省级以上民政、财政部门规定收取的会费;不征税收入和免税收入滋生的银行存款利息收入;财政部、国家税

---

① 财政部、税务总局.《关于明确养老机构免征增值税等政策的通知》(财税〔2019〕20 号)。
② 《中华人民共和国企业所得税法实施条例》(中华人民共和国国务院令第 512 号)。
③ 《中华人民共和国企业所得税法实施条例》(中华人民共和国国务院令第 512 号)。

务总局规定的其他收入。其四,其他养老服务机构自 2019 年 1 月 1 日至 2021 年 12 月 31 日,符合小微企业条件的,年应纳税所得额不超过 100 万元的部分,减按 25% 计入应纳税所得额,按 20% 的税率缴纳企业所得税;对年应纳税所得额超过 100 万元但不超过 300 万元的部分,减按 50% 计入应纳税所得额,按 20% 的税率缴纳企业所得税。

第六,个人所得税。2018 年,我国个人所得税进行重大改革。一是将个人工资薪金所得的免征额由每月 3500 元提升至每月 5000 元,增长幅度达到 42.86%,此举旨在减轻中低收入者的纳税负担,有利于缩小收入差距,维护社会公平。二是增加了六项附加扣除项目,其中包括赡养老人专项附加扣除。《个人所得税专项附加扣除暂行办法》规定,赡养老人专项附加扣除为被赡养人年满 60 周岁的当月至赡养义务终止的年末,每月扣除额度为 2000 元,独生子女每月可税前扣除 2000 元;非独生子女与其兄弟姐妹分摊 2000 元额度,个人每月税前扣除的额度不得超过 1000 元。

第七,契税。为社区提供养老、托育、家政等服务的机构,承受房屋、土地用于提供社区养老、托育、家政服务的,免征契税。

2. 补助补贴政策

(1)企业职工基本养老保险基金补助

2002 年 1 月,劳动和社会保障部、财政部联合印发《关于 2001 年调整企业退休人员基本养老金的通知》,决定对财政确有困难的中西部地区和老工业基地出现的基本养老保险基金缺口,由中央财政通过专项转移支付方式予以适当补助。其后二十多年,中央财政加大企业职工基本养老保险基金补助,补助金额从 2002 年的 408.2 亿元增长至 2017 年的 8004 亿元。详见图 2.1。

单位：亿元

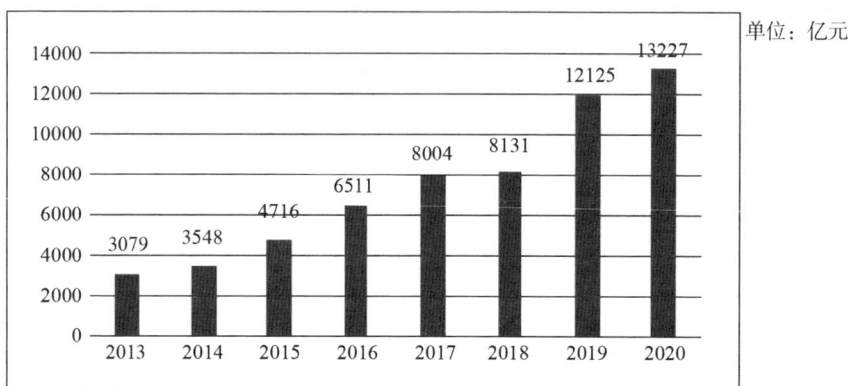

图 2.1　中央财政企业基本养老保险基金补助一览表

（2）高龄失能老人补贴

2013 年 9 月，国务院发布《关于加快发展养老服务业的若干意见》，要求各地区加快建立养老服务评估机制，建立健全经济困难的高龄、失能等老年人补贴制度，同时可根据养老服务的实际需要，通过贷款贴息、运营补贴、购买服务等方式，支持社会力量举办养老服务机构，开展养老服务；对符合条件的参加养老护理职业培训和职业技能鉴定的从业人员按规定给予相关补贴，以加强老年护理人员专业培训。2014 年 4 月，财政部、民政部、全国老龄工作委员会办公室联合发布《关于建立健全经济困难的高龄、失能等老年人补贴制度的通知》（财社〔2014〕113 号），决定由地方各级人民政府针对经济困难的高龄、失能等老年人逐步给予养老服务补贴。

（3）福利彩票公益金支持养老服务

彩票公益金是按照规定比例从彩票发行销售收入中提取的，专项用于社会福利、体育等社会公益事业的资金。自从 1987 年我国发行第一只福利彩票以来，我国筹集了大量的福利彩票公益金。1987 年至 2020 年，中国福利彩票累计销售 23554.51 亿元，筹集公益金 7012.63 亿元。现行彩票公益金分配办法是中央财政和地方财政"五五开"。中央财政归集的福利彩票公益金,按60%、30%、5%、5%的比例分配给社会保障金、专项资金、民政部和国家体育总局。地方财政留成的彩票公益金用于"扶老、助残、救孤、济困"等社会福利事业。党的十八大以来,中央彩票公益金在支持我国养老服务体系建设方面持续发力,表现在两个方面:一是补助地方提升地方养老公共服务水平。中央福利彩票公益金支持地方提升养老服务水平,资金用途包括五个方面。其一,用于新建和改扩建以服务生活困难和失能失智老年人为主的城镇老年社会福利机构、城乡社区养老服务设施、农村特困人员供养服务设施、城乡社区为老年人服务信息网络平台建设等;其二,采取以奖代补等方式,引导和帮助养老机构(包括民办养老机构)按照国家工程建设消防技术标准配置消防设施器材,针对重大火灾隐患进行整改;其三,支持实施老年人居家适老化改造工程,对纳入特困供养、建档立卡范围的高龄、失能、残疾老年人家庭,按照相关规范标准实施适老化改造;其四,支持培育居家和社区养老服务组织和机构,提高城乡居家和社区养老服务覆盖率,加强基本养老服务保障;其五,支持加强养老护理员队伍建设,对养老护理员培养培训、技能水平鉴定等予以补贴激励。二是转入全国社会保障基金,做大我国应对老龄化的战略储备,详情见表2.7。分配给全国社会保障基金的中央彩票公益金的比例为60%,剩下的部分按照30:5:5的比例分配给中央专项彩票公益金、民政部和国家体育总局。

表2.7 中央专项彩票公益金支持养老服务资金一览表

单位:亿元

年 份	2013	2014	2015	2016	2017	2018	2019	2020
补助地方发展养老服务体系	12.41	10.40	14.06	13.11	13.16	14.84	19.36	3.84
拨入全国社会保障基金	276.65	269.81	327.34	315.60	318.24	358.45	364.49	213.60

数据来源:民政部彩票公益金使用情况公告、全国社会保障基金年度报告

地方留成的彩票公益金,由省级财政部门与民政、体育行政部门商定分配原则。为了提升养老保障水平,2012 年民政部要求各级民政部门用于养老事业发展的福利彩票公益金不得低于预算总额 50%。2019 年国务院提出,到 2022 年末各级各地区民政部门用于养老事业发展的福利彩票公益金不得低于预算总额的 55%。

(4)中央调剂制度。2018 年 6 月,国务院印发《关于建立企业职工基本养老保险基金中央调剂制度的通知》(国发〔2018〕18 号),决定自 2018 年 7 月 1 日起建立养老保险基金中央调剂制度,此举旨在通过中央"熨平"各地区基本养老保险基金的收支差异,为实现养老金全国统筹做好铺垫。2018 年至 2020 年中央调剂金额分别为 2422 亿元、6303 亿元和 7398.3 亿元,增长幅度明显。2019 年和 2020 年全国各省市区中央调剂情况详见表 2.8。

表 2.8　2019—2020 年中央调剂基金缴拨情况表(执行数)①

单位:亿元

年　份	2019 年			2020 年		
	上缴	下拨	缴拨差额	上缴	下拨	缴拨差额
北京市	513	171	342	631.17	168.58	462.59
天津市	110	115.5	−5.5	125.14	133.96	−8.82
河北省	151	178.9	−27.9	167.95	197.44	−29.49
山西省	85	106	−21	106.34	150.71	−44.37
内蒙古自治区	71	150.9	−79.9	81.93	167.71	−85.78
辽宁省	170	627.1	−457.1	189.53	745.11	−555.58
吉林省	77	195.5	−118.5	86.57	231.76	−145.19
黑龙江省	89	521.9	−432.9	95.36	580.92	−485.56
上海市	430	324	106	504.43	373.9	130.53

①　根据财政部中央调剂基金收入上缴、下拨情况加工整理。

续表

年 份	2019 年			2020 年		
	上缴	下拨	缴拨差额	上缴	下拨	缴拨差额
江苏省	623	483	140	738.94	586.51	152.43
浙江省	497	384	113	593.28	456.79	136.49
安徽省	142	154.6	−12.6	184.79	189.06	−4.27
福建省	205	93	112	253.95	85.45	168.5
江西省	132	173.6	−41.6	152.61	192.33	−39.72
山东省	441	359	82	510.12	439.41	70.71
河南省	219	225.7	−6.7	250.33	260.83	−10.5
湖北省	199	319.2	−120.2	230.88	417.75	−186.87
湖南省	138	169.9	−31.9	161.48	187.11	−25.63
广东省	965	348	617	1085.45	439.74	645.71
广西壮族自治区	95	108	−13	112.81	124.31	−11.5
海南省	32	34.4	−2.4	39.12	40.48	−1.36
重庆市	170	188.4	−18.4	198.84	217.23	−18.39
四川省	257	338.9	−81.9	342.92	393.49	−50.57
贵州省	94	94	0	110.65	110.65	0
云南省	97	97	0	114.22	114.22	0
西藏自治区	8	8	0	14.18	14.18	0
陕西省	111	119.4	−8.4	125.78	135.89	−10.11
甘肃省	54	63.7	−9.7	62.44	85.24	−22.8
青海省	16	21.7	−5.7	18.54	26.71	−8.17
宁夏回族自治区	25	34.2	−9.2	32.43	37.11	−4.68
新疆维吾尔自治区	64	65.3	−1.3	57.37	65.47	−8.1
新疆生产建设兵团	23	29.2	−6.2	18.68	29.67	−10.99
总 计	6303	6303	0	7398.23	7399.72	−1.49

数据来源:财政部

表 2.8 显示,2019 年和 2020 年,广东省、北京市、江苏省、浙江省、福建省、上海市和山东省为净贡献地区,贵州省、云南省和西藏自治区缴拨持平,22 省从中受益,受益程度最高的为辽宁省、黑龙江省和湖北省,三省受益总额达到 66.8% 和 69.5%。

3. 养老保险省级统筹

养老保险省级统筹最早可上溯至 20 世纪末。1998 年 8 月,国务院发布《关于实行企业职工基本养老保险省级统筹和行业统筹移交地方管理有关问题的通知》(国发〔1998〕28 号),要求在 1998 年 8 月 31 日以前,实行基本养老保险行业统筹企业的基本养老保险工作,按照先移交后调整的原则,全部移交省、区、市管理。其后,这方面的工作一直在推进,但进度较慢。2007 年 1 月,原劳动和社会保障部、财政部联合发布《关于推进企业职工基本养老保险省级统筹有关问题的通知》(劳社部发〔2007〕3 号),要求在基本养老保险制度、缴费政策、待遇政策、基金使用、基金预算和经办管理六个方面实现全省统一。按照"六个统一"标准,截至 2009 年底,全国 31 个省份和新疆生产建设兵团已实现养老保险省级统筹,但"六个统一"未涉及养老保险基金的统收统支,因此不能算是真正意义上的省级统筹。2016 年底以前,北京、上海、天津、重庆、陕西、西藏、青海、福建 8 个省市区已实现本省企业职工基本养老保险基金"全省统收统支"。2017 年 9 月,人力资源和社会保障部与财政部联合印发《关于进一步完善企业职工基本养老保险省级统筹制度的通知》(人社部发〔2017〕72 号),其中明确了"全省统收统支"的要求。2020 年 5 月 18 日,中共中央、国务院发布《关于新时代加快完善社会主义市场经济体制的意见》,强调尽快实现养老保险全国统筹,促进基本养老保险基金长期平衡。截至 2020 年底,全国除新疆、内蒙古以外,已有 29 个省级行政单位实现或出台了养老保险基金全省统筹的方案。养老保险省级统筹为全国统筹铺垫了坚实基础。2019 年 2 月,中央全面深化改革委员会第十二次会议审议通过《企业职工基本养老保险全国统筹改革方案》,其后,中央相关部门积极推动企业职工基本养老保险全国统筹。2021年底,中央决定,自2022年1月正式实施,此举将实现养老保险基金在全国范围内互济余缺,基金的支撑能力将大大增强;对于参保人来说,跨省区流动,无须办理转移养老保险省级接续手续,便携性大幅提高;养老金地区间不平衡的情况得到缓解,区域间的养老金水平差距也会有所缩小。

4.划转国有资本充实全国社会保障基金

上文已述及,我国在20世纪末期开始建立企业基本养老保险制度,实行现收现付制度,规定此前退休而没有缴费的职工享受"视同缴费年限"政策,仍按照国家原来的规定发给基本养老金,同时随基本养老金调整而增加养老保险待遇,由此造成了巨大的基金缺口。为弥补此项基金缺口,国务院自2000年开始采取国有股减持和国有股转持等办法做大全国社会保障基金。2017年11月,国务院出台《划转部分国有资本充实全国社会保障基金 实施方案》,决定自2017年试点推进、2018年全面推进国有企业按股权的10%划转充实全国社会保障基金 。2018年、2019年分别完成18家和49家中央企业股权划转,划转股权分别为750亿元和8005亿元。截至2020年底,中央层面划转部分国有资本充实全国社会保障基金工作全面完成,93家中央企业和中央金融机构实施了1.68万亿元的国有资本划转,国有资本划转后,其收益主要来源于股权分红,由全国社会保障基金会等承接主体持有。全国各省市区也纷纷实施了辖区内国有资本划转工作。2020年2月,天津市印发《天津市划转部分国有资本充实全国社会保障基金工作方案的通知》,决定从2020年2月开始启动试点工作,至当年底完成全面推开、总结收尾全部工作。从天津市财政局获悉,截至2020年底,天津市共有84家国有大中型企业和金融机构按照10%的比例划转了国有股权,总额达到741.4亿元。天津市财政局表示,后续将密切跟踪暂缓划转企业情况,待具备条件后立即实施划转,确保国有资本"应划尽划",同时严格执行收益和分红定期报告制度,确保划转股权收益专项用于弥补企业职工基本养老保险基金缺口,以更好地服务和保障民生。

5. 延迟退休政策

随着我国老龄化状况的不断严重,延迟退休政策被提及,并引发了广泛的讨论。借助 CNKI 对现有文献进行检索,延迟退休政策最早于 2011 年提出,著名社会保障专家郑秉文主编的《中国养老金发展报告 2011》指出,要达到制度的平衡运转,中国社会养老保险制度必须调整制度参数,提高退休年龄是必须调整的三大参数之一。目前,关于延迟退休存在以下代表性观点。人均寿命的不断提高,导致退休人员数量逐渐增加,在岗工作人员缴纳的养老费用越来越高,养老压力逐渐增加,延迟退休是基于我国养老金无法满足日后支付需求所推出的应急方案。[1] 延迟退休是我国在面临养老金危机时推出的合理方案,该方案能有效降低企业的人力资本投入,但不能采取一刀切的形式,应当根据我国人口组成分阶段进行。通过对退休制度改革的深入研究,使我国度过此次因人口红利消失和老龄化加剧导致的社会危机。[2] 延迟退休存在国家利益与民众个人利益、政府与企业利益,退休与就业三重矛盾。我国不能简单地套用发达国家的经验,应该从我国实际出发,采取渐进式延迟退休政策,实行分行业、分职业的差别化延迟退休政策,逐步缩小乃至统一男女退休年龄。[3] 延迟退休对我国就业的负面效应不能忽视,延迟退休政策的制定应注意几个方面,一是结合弹性退休制度,二是赋予民企职

---

① 齐琳娜. 延迟退休政策背景下社会保障发展新思路[J]. 人民论坛,2016(02).

② 牟茉莉,江杨岗. 青年就业、社会保障与养老问题——对延迟退休政策的审视与思考[J]. 人民论坛,2016(05).

③ 魏蒙,孙裴佩,姜向群. 我国应谨慎出台延迟退休政策[J]. 西北人口,2016(03).

工提前退休的权利,三是降低养老保险费率,四是女性延退速度快于男性。^①在居民预期寿命达到一定年龄时,推迟退休年龄能优化再分配收入格局,且减轻养老保险基金给付压力。由于延迟退休会缩短领取养老金的年数,在预期寿命没有达到一定年龄的情况下过度推迟退休年龄会使养老保险成为居民的"负担"。工资增长率和无风险利率在未来的变动方向和变动程度,会明显影响养老保险制度对各不同收入层次人群之间的再分配程度。因此,我国延迟退休政策应采取小幅缓行的渐进方式,法定退休年龄的确定应统筹考虑工资增长率、养老基金收益率、利率的未来变化趋势。^②

随着学者们对延迟退休政策研究的深入,党和国家也对这一项政策进行了顶层设计。2013 年 11 月,党的十八届三中全会通过的《中共中央关于全面深化改革若干重大问题的决定》提出,研究制定渐进式延迟退休年龄政策。2015 年 10 月,党的十八届五中全会通过的《中共中央关于制定国民经济和社会发展第十三个五年规划的建议》提出,"十三五"时期出台渐进式延迟退休年龄政策。2020 年 10 月,党的十九届五中全会通过的《中共中央关于制定国民经济和社会发展第十四个五年规划和二〇三五年远景目标的建议》提出,"十四五"时期实施渐进式延迟法定退休年龄。虽然迄今为止,党中央尚未明确延迟退休政策的具体方案,但是从延迟退休政策的提出,到出台渐进式延迟退休年龄政策,再到实施渐进式延迟法定退休年龄,体现了党中央对于这一涉及亿万家庭民生问题的高度关注。

实际上,我国延迟退休政策已在女干部中间悄然进行。2015 年 2 月,中共中央组织部、人力资源社会保障部联合发布《关于机关事业单位县处级女

---

①　于小雨,孙英隽.延迟退休政策对我国劳动力就业的影响研究[J].上海理工大学学报,2016(04).

②　周海珍,曹航玮.延迟退休政策下养老保险的收入再分配效应研究[J].金融理论与实践.2019(06).

干部和具有高级职称的女性专业技术人员退休年龄问题的通知》（组通字
〔2015〕14 号），规定党政机关、人民团体中的正、副县处级及相应职务层次
的女干部，事业单位中担任党务、行政管理工作的相当于正、副处级的女干
部和具有高级职称的女性专业技术人员，年满六十周岁退休。"14 号文件"
同时给予了以上女干部和具有高级职称的女性专业技术人员一项选择权，
即如本人申请，可以在年满五十五周岁时自愿退休。

女干部自愿选择 60 岁退休政策的施行，是对延迟退休政策的试水。相
关部门要从中总结经验，完善延迟退休政策，尽快推进延迟退休政策的
施行。

6. 生育政策

与养老服务紧密关联的是生育政策，其道理是不言自明的，因为人口生
育政策影响着老少比。众所周知，我国自 20 世纪七十年代开始施行"一胎
制"生育政策，几十年来，我国人口结构发生了巨大变化，表现在三个"显著
下降"。其一，我国 0～14 岁人口的比重显著下降，1982 年、1990 年、2000
年、2010 年和 2020 年分别为 33. 59%、27. 69%、22. 89%、16. 60% 和
17. 95%，虽然第七次人口普查数据相对于第六次人口普查略有增加，但仍
维持低位。其二，年均人口自然增长率显著下降。1982 年、1990 年、2000
年、2010 年和 2020 年我国人口年均增长率分别为 2. 09%、1. 48%、1. 07%、
0. 57%、0. 53%。近四十年，我国年均增长率下降了 74. 64%。其三，人口总
和生育率显著下降。1979 年、1989 年、2000 年、2010 年、2020 年我国人口总
和生育率分别为 2. 72、2. 35、1. 22、1. 18 和 1. 3，"中国的总和生育率不到世
界平均水平的一半，中国人爱生孩子已成历史"。党中央非常关注人口结构
的变化，适时调整生育政策。2013 年 11 月，党的十八届三中全会通过的《中
共中央关于全面深化改革若干重大问题的决定》提出，坚持计划生育的基本
国策，启动实施一方是独生子女的夫妇可生育两个孩子的政策，逐步调整完

善生育政策,促进人口长期均衡发展。2015 年 12 月,中共中央、国务院发布《关于实施全面两孩政策,改革完善计划生育服务管理的决定》,决定自 2016 年 1 月 1 日起正式实施"全面二孩"政策。2021 年 7 月 20 日,中共中央、国务院发布《关于优化生育政策促进人口长期均衡发展的决定》,作出实施三孩生育政策及配套支持措施的重大决策。不到八年的时间,我国生育政策从"一胎制"到"单独二孩"到"全面二孩",到"三孩",充分体现了党和国家对完善生育政策的高度重视。实践证明,单纯的生育补贴政策效果甚微,相关部门应统筹考虑各项政策利弊,构建生育支持体系,从推行生育补贴和完善社会保障两方面提升生育意愿和缓解家庭养老压力。[①]

7. 护理保险政策

党的十八大以来,党和国家致力于推动护理保险制度的建立和完善。2018 年 7 月,国家卫生健康委、民政部等 7 个部委联合发布《关于促进护理服务业改革与发展的指导意见》(国卫医发〔2018〕20 号),提出到 2020 年,实现护理服务体系健全完善、护理队伍得到长足发展、护理服务供给更加合理、护理服务能力大幅提升的目标。2019 年 12 月,国家卫生健康委发布《关于加强老年护理服务工作的通知》(国卫办医发〔2019〕22 号),鼓励有条件的地区探索老年护理有益的做法。2020 年 12 月,国家卫生健康委、国家中医药管理局联合印发《关于加强老年人居家医疗服务工作的通知》,给出了居家医疗服务的参考项目,其中医疗护理类包括基础护理、专项护理、康复护理、心理护理等种类。2021 年 11 月,国家卫生健康委发布《关于开展老年医疗护理服务试点工作的通知》,选择了北京、天津、上海等 11 个省市区自 2022 年 1 月开始实施为期一年的老年医疗护理服务试点工作。试点工作主要围绕以下方面任务进行,一是增加提供老年医疗护理服务的医疗机构和

---

① 于也雯,龚六堂.生育政策、生育率与家庭养老.中国工业经济,2021(05).

床位数量;二是加强老年医疗护理从业人员培养培训;三是增加多层次老年医疗护理服务供给;四是创新多元化老年医疗护理服务模式;五是开展老年人居家医疗护理服务试点;六是探索完善老年医疗护理服务价格和支付机制。

8.养老服务标准

党的十八大以来,党和国家重视养老服务标准化建设。截至目前,已发布并实施了23项,其中由国家市场监督管理总局、国家标准化管理委员会发布了18项国家标准,民政部等部门发布了5项行业标准。详见表2.9。

表2.9 养老服务国家标准与行业标准

序号	标准名称	标准等级	标准号	发布日期	实施日期	标准内容
1	养老机构基本规范	国家标准	GB/T 29353 -2012	2012.12.31	2013.5.1	针对养老机构设立的基本要求、人员要求、管理要求、环境和设施设备要求、服务内容等作出明确要求。
2	养老设施建筑设计规范	国家标准	GB/T 50867 -2013	2013.9.6	2014.5.1	针对各类型养老设施建筑的服务对象及基本服务配建的要求,包括建筑总平面、人均面积、道路设计、功能分区,房屋设计等建筑设计,安全措施,建筑设备等内容作出明确要求。
3	社会保险术语第2部分:养老保险	国家标准	GB/T 31596.2 -2015	2015.6.2	2016.1.1	规定了养老保险制度、筹资与记录、基本养老保险基金、基本养老保险待遇与管理、养老金计发、分析指标等6方面47条术语。
4	城乡居民基本养老保险服务规范	国家标准	GB/T 31597 -2015	2015.6.2	2016.1.1	针对城乡居民基本养老保险参保登记、参保信息变更、养老保险费收缴、个人账户权益记录、待遇支付、保险关系转移、保险关系终止、服务监督、评价等内容作出明确要求。

续表

序号	标准名称	标准等级	标准号	发布日期	实施日期	标准内容
5	职工基本养老保险待遇支付服务规范	国家标准	GB/T 34413 -2017	2017.10.14	2018.5.1	针对职工基本养老保险待遇支付的术语和定义、待遇核定、待遇支付、资格认证、信息管理、档案管理、服务监督、评价与改进等内容作出明确要求。
6	养老保险精算数据指标体系规范 第1部分:企业职工基本养老保险	国家标准	GB/T 35620.1 -2017	2017.12.29	2017.12.29	针对企业职工基本养老保险精算数据指标体系的数据指标分类和组成、公共基础数据指标体系和精算业务数据指标体系等内容作出明确要求。
7	养老机构服务质量基本规范	国家标准	GB/T 35796 -2017	2017.12.29	2017.12.29	针对养老机构服务的基本要求、服务项目与质量要求、管理要求、服务评价与改进等内容作出明确要求。
8	基本养老保险待遇稽核业务规范	国家标准	GB/T 35619 -2017	2017.12.29	2018.7.1	针对基本养老保险待遇稽核业务的基本原则、稽核组织、稽核内容、类型与方式、稽核程序、稽核考评和稽核结果利用等内容作出明确要求。
9	职工基本养老保险个人账户管理规范	国家标准	GB/T 34278 -2017	2017.9.7	2018.4.1	针对职工基本养老保险个人账户管理的基本要求、个人账户性质、个人账户管理主体和内容、个人账户权益维护、个人账户管理、个人账户用途、个人账户内部控制、个人账户监管、个人账户查询服务、个人账户的争议及其处理等内容作出明确要求。

续表

序号	标准名称	标准等级	标准号	发布日期	实施日期	标准内容
10	社会保险关系转移接续 第1部分：企业职工基本养老保险	国家标准	GB/T 34282.1－2017	2017.9.7	2018.4.1	针对企业职工基本养老保险关系跨省级转移接续的经办要求、临时缴费账户管理、业务流程、经办风险、材料归档、养老保险制度衔接、服务监督评价与改进等内容作出明确要求。
11	养老机构等级划分与评定	国家标准	GB/T 37276－2018	2018.12.28	2019.7.1	针对养老机构等级划分与标志、申请登记评定应满足的基本要求与条件、登记评定等内容作出明确规定。
12	生态休闲养生（养老）基地建设和运营服务规范	国家标准	GB/T 36732－2018	2018.9.17	2019.4.1	针对生态休闲养生（养老）基地的布局、机构与人员、设施、服务、安全与卫生和质量控制与改进等要求。本标准适用于生态休闲养生（养老）基地的建设、经营与服务的管理等作出明确要求。
13	养老机构服务安全基本规范	国家标准	GB 38600－2019	2019.12.31	2022.1.1	针对养老服务机构服务安全的基本要求、安全风险评估、服务防护、管理要求等内容作出明确要求。
14	养老保险待遇审核服务规范 第1部分：企业职工基本养老保险	国家标准	GB/T 37772.1－2019	2019.6.4	2019.6.4	规定了企业职工基本养老保险待遇审核服务的要求，包括待遇核定、办理时限、查询服务、档案管理、争议及处理、服务监督、评价与改进。
15	城乡居民基本养老保险待遇支付服务规范	国家标准	GB/T 37702－2019	2019.6.4	2019.6.4	针对城乡居民基本养老保险待遇支付服务的要求，包括待遇核定、待遇支付、资格核对、争议处理、档案管理、服务监督评价与改进等内容作出明确要求。

序号	标准名称	标准等级	标准号	发布日期	实施日期	标准内容
16	城乡居民基本养老保险个人账户管理规范	国家标准	GB/T 37705－2019	2019.6.4	2019.6.4	针对城乡居民基本养老保险个人账户管理的基本要求、个人账户管理内容、个人账户管理内部控制、个人账户基金管理、个人账户查询服务及个人账户管理的争议及其处理等内容作出明确要求。
17	养老护理员国家技能标准	国家标准	—	2019.9.25	2019.9.25	针对养老护理员的工作领域、工作内容、技能要求等内容作出明确规定。
18	财经信息技术养老保险基金审计数据接口	国家标准	GB/T 40217－2021	2021.5.21	2021.12.1	针对养老保险基金审计数据接口的要求，包括养老保险基金审计数据元和数据接口输出文件的格式、数据结构及要求等内容作出明确要求。
19	养老机构安全管理	行业标准	MZ/T 032－2012	2012.3.26	2012.4.1	针对养老机构的安全管理体系、设备设施安全、食品安全、消防安全、医疗护理安全、人身安全、财产安全、信息安全、突发事件应急管理和安全教育与培训等内容作出明确要求。
20	养老服务认证技术导则	行业标准	RB/T 303－2016	2016.12.1	2017.6.1	针对养老服务认证总则、认证评价指标选取、认证程序等内容作出明确要求。
21	养老机构顾客满意度测评	行业标准	MZ/T 133－2019	2019.12.12	2019.12.12	针对养老机构顾客满意度测评的基本要求、指标体系与权重、测评方法、数据处理、分析和改进等内容作出明确要求。
22	养老服务常用图形符号及标志	行业标准	MZ/T 131－2019	2019.12.12	2019.12.12	针对养老服务常用图形符号及标志的基本要求、设计要求、设置与安装、管理与维护等内容作出明确要求。

续表

序号	标准名称	标准等级	标准号	发布日期	实施日期	标准内容
23	养老机构预防压疮服务规范	行业标准	MZ/T 132 2019	2019.12.12	2019.12.12	针对养老机构预防压疮服务的评估、预防方法和管理要求等内容作出明确要求。

标准化是指,在一定范围内为了获得最佳秩序,对实际或潜在的问题制定共同的、重复使用的规则的活动。① 养老服务标准化建设关乎养老服务供给质量,也关乎政府购买服务的效率。23 项国家标准和行业标准的制定和实施为规范全国养老服务行业、提高养老服务质量、加强行业管理提供了依据。

(二)天津市养老服务支持政策

1. 财政补贴政策

为了让老人们的晚年更加幸福,天津着力完善"9073"的养老服务体系,即全市老年人口中,90%的老年人依托社区分散居家养老,7%的老年人在老年宜居社区集中居家养老,3%的老年人入住养老服务机构养老,形成以居家养老为基础、社区服务为依托、机构养老服务为补充,资金保障和服务提供相匹配,政府主导、部门协同、社会参与、公众互助,投资主体多元化、服务内容多样化、适宜老年人需求、具有天津特色的社会化养老服务体系。多年来,天津各级党委和政府积极落实国家现行支持养老服务业的税收和行政事业性收费优惠政策,制定颁布了地方性法规,致力于完善养老服务

---

① 景军,吴涛,方静文. 福利多元主义的困境:中国养老机构面临的信任危机[J]. 人口与发展,2017(05).

体系。

2010 年 11 月,天津市人力资源和社会保障局出台《关于对残疾人参加城乡居民基本养老保险给予缴费补贴的通知》,自 2011 年 1 月 1 日起,对于符合参保条件且按年正常缴费的残疾人,最多可以享受 15 年的缴费补贴。其中,对于享受"低保"的重度残疾人,给予全额缴费补贴;对于未享受"低保"的重度残疾人和享受"低保"的非重度残疾人,给予 50% 的缴费补贴。2015 年 7 月,天津市残疾人联合会出台补充通知,进一步减轻残疾人参加城乡居民基本养老保险的缴费负担。

2011 年 4 月,天津市人民政府出台《进一步发展天津市居家养老服务的意见》(津政办发〔2011〕51 号),对居家养老给予的财税支持显著增强。第一,支持居家养老服务设施建设。新建居民区应当配套建设老年日间照料服务中心和托老所等服务设施,其土地供应方式按照新建项目的土地用途确定,建成后产权无偿移交民政部门,用于为老年人服务。所需设备、装修、开办经费等由区县财政负责,市财政对每个老年日间照料服务中心给予 30 万~50 万元的一次性资助,福利彩票公益金对每个托老所按每张床位 1 万元给予一次性资助。第二,支持居家养老服务设施运营。对按规定运营的老年日间照料服务中心,根据其实际服务老人数量,由区县财政给予经费支持。托老所运营后,由福利彩票公益金按每月每张床位 100 元给予运营补贴。第三,支持企业经营居家养老服务。对在工商部门注册、以开展居家养老服务为主要经营业务的企业,其符合相关规定的养老服务免征营业税。第四,支持养老服务企业或社会组织用工。对与天津市养老服务企业或社会组织签订 1 年以上劳动合同、在天津市从事养老护理和服务、具有天津市户籍的人员,给予社会保险补贴。第五,支持养老护理和服务人员参加职业技能培训。在养老服务行业推行国家职业资格证书制度,凡拟从事养老护理和服务的人员参加职业技能培训,以及养老护理和服务从业人员参加职业技能提升培训并取得国家职业资格证书,符合规定的,可按规定享受职业培训补贴。养老服务机构院长参加民政部门组织的专业培训并取得证书的,由市福利彩票公益金给予 50% 培训经费补贴。第六,支持开展老年人助餐服务。依托社区,通过新建、改建或吸收现有餐饮单位加盟等形式,开办为老年人提供膳食加工配制、外送和集中用餐等服务的社区食堂。根据社区食堂的服务类型和服务能力,给予 1 万～10 万元的一次性补贴,补贴经费由福利彩票公益金列支,区县按不少于 1∶1 比例配比。第七,支持养老服务机构向社区延伸服务。鼓励养老服务机构开展社区延伸服务,对其所聘并签订 1 年以上劳动合同、从事居家养老服务的人员,按 6 位老人配备 1 名服务人员比例核定,根据公益性岗位补贴规定给予社会保险补贴和工资性补贴,补贴经费由市再就业资金列支。第八,支持困难老年人居家养老。在原居家养老服务政府补贴范围基础上,对 80 岁以上独生子女父母、市级劳动模范、失能老人和空巢老人且家庭人均收入低于天津市最低工资标准的,按照料等级分别给予每人每月 100 元、150 元、200 元的居家养老服务政府补贴。所需资金由市和区县财政按 1∶1 比例分担。

2012 年 9 月,天津市民政、财政局联合发布《关于对天津市困难老年人增加居家养老护理补贴的意见》,决定从 2012 年 10 月 1 日起,在天津市现行居家养老服务补贴基础上增加居家养老护理补贴。对经过评估,符合轻度、中度和重度照料等级的老年人,分别给予每人 50 元/月、50 元/月和 200 元/月居家养老护理补贴。居家养老护理补贴可与现行居家养老服务补贴合并使用。合并使用后,符合轻度、中度和重度照料等级的老年人,由原每人 100 元/月、150 元/月和 200 元/月,增加到每人 150 元/月、200 元/月和 400 元/月。

2017 年 4 月,天津市民政局、财政局发布《关于调整天津市居家养老服务(护理)补贴标准的通知》,决定从 2017 年 4 月 1 日起,对符合居家养老服务(护理)补贴范围的老年人,按照轻度、中度和重度不同照料等级,补贴标准由每人每月 150 元、200 元和 400 元调整为每人每月 200 元、400 元和 600元,所需资金由市区两级财政按 1∶1 比例负担。

2017 年 12 月,天津市民政局在 10 个涉农区分别选取 2 至 3 个乡镇开展农村居家养老服务护理补贴试点工作。

2019 年 11 月,天津市民政局发布《关于在农村地区全面实行居家养老服务(护理)补贴的通知》,从 2019 年 12 月 1 日起,将补贴政策拓展到天津市全部农村地区,将符合条件的农村困难老年人全部纳入居家养老服务(护理)补贴范围,补贴标准与城市困难老人补贴标准"看齐",其目的在于让农村困难老年人可凭借居家养老服务护理补贴享受与城市老人一样的专业养老服务。

2019 年 10 月,天津市人民政府印发《天津市促进养老服务发展三年行动方案(2019—2021 年)》,出台了一系列支持养老服务政策。第一,将城乡经济困难老年人全部纳入居家养老服务(护理)补贴范围。第二,2020 年底前,采取政府补贴等方式,对所有纳入特困供养、建档立卡范围的高龄、失能、残疾老年人家庭,按照《无障碍设计规范》实施适老化改造。第三,做好长期护理保险与重度残疾人护理补贴、经济困难失能老年人护理补贴等福利性护理补贴项目的整合衔接,提高资源配置效益。第四,逐步调整经济困难老年人居家养老服务(护理)补贴受益人群范围和补贴标准,使补贴政策更加精准。第五,建立完善养老护理员职业技能等级认定和培训制度,鼓励护理人员参加养老护理职业培训,符合条件的给予相应补贴。第六,建立养老服务评估机制,推进民办公助,通过补助投资、贷款贴息、运营补贴、购买服务等方式支持社会力量举办养老服务机构。第七,丰富社会资本举办养老服务机构补贴奖励方式,探索实行医养结合、招用专业人员、连锁化经营等多元补贴或奖励方式。

2020 年 12 月,天津市第十七届人民代表大会常务委员会修订《天津市养老服务促进条例》,出台了一系列支持政策,以推动居家社区养老服务模式创新,支持社会力量依托社区为城乡老年人提供居家社区养老服务。第一,养老服务机构用电、用水、用气、用热,按照居民生活类价格执行。第二,社会力量兴办养老服务机构,符合国家和天津市有关规定的,由市和所在地区人民政府给予建设补贴,根据收住老年人的数量给予运营补贴,并根据收住失能半失能老年人的数量增加运营补贴。第三,利用企业厂房、商业设施和学校兴办养老服务机构,由市和所在地区人民政府给予建设补贴,并给予公共服务方面的政策支持。第四,鼓励养老服务机构投保责任保险,对投保责任保险的,由市和所在地区人民政府给予保费补贴。第五,经济困难需要生活照料的老年人,由本人或者其家属申请,经民政部门组织评估并审核后给予居家养老服务补贴、护理补贴。

2. 促进医养结合

为解决有养无医的问题,近些年来,天津市各级党委和政府致力于促进医养结合。医养结合就是把专业的医疗技术检查和先进设备与康复训练、日常学习、日常饮食、生活养老等专业相融合。以医疗为保障,以康复为支撑,边医边养、综合治理。从技术上尽可能地实现疾病转归①,病人的各项功能得到保持或恢复,其中,"医"主要就是重大疾病早期识别、必要的检查、治疗、康复训练,包括有关疾病转归、评估观察、有关检查、功能康复、诊疗护理、重大疾病早期干预及临终关怀等医疗技术上的服务。"养"包括生理和心理上的护理、用药和安全、日常饮食照护、功能训练、日常学习、日常活动、危重生命体征、身体状况分析、体重营养定期监测等服务。

自 2016 年开始,天津市致力于从以下三个层面都将推进"医养结合"的

---

① 疾病转归指疾病完全康复或不完全康复。

服务模式。

第一,居家养老服务层面。以家庭医生为抓手,为居家老人提供服务。家庭医生为签约老人每年提供1次包括健康状况评估、体格检查、健康指导和血尿常规、肝肾功能、空腹血糖、血脂、心电图等辅助检查项目在内的健康管理服务;每年4次面对面随访了解血压、血糖控制情况,以及日常用药情况;推广使用"家医签约慢性病用药管理系统",对慢性病系统内管理的签约居民按计划持续足量保障高血压、糖尿病、冠心病、脑卒中用药。2020年,天津市基层医疗卫生机构均为160万老年人开展家庭医生签约续约服务,为4.6万名失能老人开展入户医疗护理服务22万人次。

第二,社区养老服务层面。依托社区卫生服务中心、社区卫生服务站、乡镇卫生院和村卫生室等机构的专业优势,为社区老年人提供就近、快捷的医疗服务;鼓励基层医疗机构在老年日间照料中心、托老所、农村幸福院等社区养老服务设施设置服务站点或签约服务;探索推广远程医疗、移动医疗等多种社区医疗卫生服务模式;发挥"医养结合"的养老服务机构专业照护优势,开办社区小型连锁养老服务机构,承接老年日间照料中心运营,为老年人提供延伸服务。

第三,机构养老服务层面。一是依托在养老服务机构内设医疗机构为老年人就近提供医疗服务。养老服务机构可按相关规定申请开办老年病医院、康复医院、护理院、中医院等,也可内设或引入医务室、护理站。截至2020年底,全市364家各种类型的养老服务机构中已有70家内设了医疗机构。二是在二级以上综合医院开设老年病科,80%以上的医疗机构开设为老年人提供挂号、就医等便利服务的绿色通道。同时,医疗卫生机构为养老服务机构开通预约就诊绿色通道,为入住老年人提供医疗巡诊、健康管理、保健咨询、预约就诊、急诊急救、中医养生保健等服务。2020年8月,天津市卫生健康委、民政局、发改委等10个部门联合发布《天津市深入推进医养结合发展实施方案》,从医养结合医保政策、商业保险机制、人才支持等方面进行规划,满足老年人多层次、多样化的健康养老需求。

3.民心工程

自 20 世纪 90 年代末期开始,天津市着力推进民心工程建设。从"为老百姓办 10 件实事",到"为老百姓办 20 件实事",再到"20 项民心工程",着力解决群众最关心、最直接、最现实的利益问题。其中,"加快养老服务设施建设""完善养老服务",连续 13 年列入天津 20 项民心工程。具体情况详见表 2.10。

表 2.10　天津市 20 项"民心工程"之养老服务

年　份	主　题	具体内容
2010	加快养老机构设施建设	改善环境条件,提升服务水平。在 80 个街道和乡镇建设老年日间照料服务中心。在 100 个社区建设老年日间照料服务站。新增养老机构床位 3100 张,其中区县新建社会福利机构床位 1000 张,鼓励社会力量兴办养老机构床位 1100 张、农村五保供养服务机构新(改、扩)建床位 1000 张。
2011	完善养老服务	新增养老机构床位 3200 张,其中市级国办养老机构 800 张,区县国办养老机构 800 张,农村敬老院 600 张,社会办养老机构 1000 张。在 80 个街道(乡镇)建设老年日间照料服务中心。在 100 个社区建设老年日间照料服务站。
2012	完善养老服务	新增养老机构床位 4000 张。新增社区老年日间照料服务中心(站)100 个。在中心城区每个区各建设 1 所老年配餐服务中心,中心城区老年人助餐服务社区覆盖率达到 75%。提高困难老人居家养老服务政府补贴标准,惠及困难老人 4 万余名。
2013	完善养老服务	加快养老机构建设,新增养老机构床位 5000 张。新建改造社区老年日间照料服务中心 80 个。新建 7 所老年配餐服务中心,实现中心城区老年助餐社区覆盖率达 90%、滨海新区城区达 50%、其他区县达 30%。扩大养老机构服务范围,实现 10 个以上养老机构向社区延伸养老服务。
2014	发展养老服务	加快养老机构建设,新增养老机构床位 6000 张。新建改造社区老年日间照料服务中心 80 个。新建 5 个区县级老年配餐中心,实现所有区县都建有本级老年配餐中心,中心城区老年助餐服务基本实现全覆盖。开展农村困难老年人居家养老服务(护理)政府补贴试点工作,惠及 1.6 万人。

续表

年份	主题	具体内容
2015	提升养老服务水平	多渠道加快养老机构建设,新增养老床位 6000 张。启动医养结合试点,在河西区、南开区等基层医疗卫生机构开展老年病房工作。
2016	提升社区服务功能	实施社区硬件建设,创建美丽社区 120 个,建设老年日间照料服务中心 80 个、菜市场 10 个、社区快递服务设施 500 个。
2017	完善社区和居家养老服务	关爱老年人生活,调整困难老年人居家养老服务(护理)补贴。新建社区老年日间照料服务中心 30 个,推动已建成的 30 个社区老年日间照料服务中心转型升级,兼具社区养老、居家养老、照料服务功能。
2018	延伸社区服务功能	提升社区居家养老服务,新建老年日间照料服务中心 30 个。
2019	着力完善养老服务	调整城乡居民基础养老金与城乡老年人生活补助标准;开展老年助餐试点,对特殊困难老人给予助餐补贴。
2020	推进社区居家养老	新增养老床位 5000 张,新建社区老年日间照料服务中心 100 个,推进社区老年健康服务,参加家庭医生签约服务的老年人达到 100 万人,为 60 岁以上失能、半失能人员提供入户医疗护理服务,达到 15 万人次。
2021	推进社区居家养老	持续推进社区老年健康服务,参加家庭医生签约服务老年人达到 100 万人,为 60 岁以上失能、半失能人员提供入户医疗护理服务达到 15 万人次。新建老年人日间照料中心 100 个,新增养老床位 4000 张。
2022	推进社区养老服务	推进基层数字健共体建设,实现社区卫生服务站和村卫生室云平台全覆盖,至少建成 16 家示范基层慢性病管理中心。建设养老服务综合体(含嵌入式养老服务机构)100 个,开设家庭养老床位 1000 张,培训失能老人家庭照护者 1000 人。

第三章
不同模式下的养老服务供给评估

一、机构养老模式下的养老服务供给

　　按照联合国确定的 60 岁以上人口占比超过 10% 为老龄化社会的经验数据,我国于 2000 年进入老龄化状态。第六次人口普查显示,我国老龄化比例达到 13.32%(不含港澳台,下同),其中超过 10% 的省份达到 26 个,最高值是重庆,为 17.42%。第七次人口普查数据显示,我国老龄状况进一步提升,全国老龄化比例达到 18.70%,低于 10% 的只有西藏,为 8.52%,最高值是辽宁,为 25.72%。

　　"十三五"时期,我国老年人抚养比逐年攀升(详见图 3.1),2013 年约为 8 名劳动年龄人口负担 1 名老人,2015 年约为 7 名劳动年龄人口负担 1 名老人,2018 年约为 6 名劳动年龄人口负担 1 名老人,2020 年约为 5 名劳动年龄人口负担 1 名老人。老年人抚养比的攀升意味着相同数量的劳动年龄人口将要供养更多的老年人,从而导致养老负担更加沉重。根据联合国《世界人口展望2015》,未来数十年内我国人口老龄化将迅速扩大,2030 年我国老年人抚养比将达到 25% 左右,到 2045 年前后开始超过发达国家水平,并将继续长期高于世界平均水平。

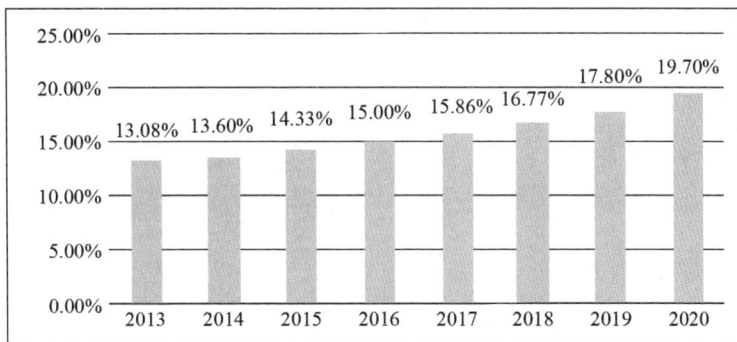

图 3.1　2013—2020 年我国老年人抚养比

(一)全国机构养老服务供给

1. 养老服务机构与养老床位

全国各地区进入老龄化时间有先有后,表现出严重的不均衡状况。1979 年上海跨入老龄化阶段,是全国最早步入老龄化的城市。其后,天津(1988 年)和北京(1990 年)也"成功"步入老龄化社会,分别比全国提前了 12 年和 10 年进入老龄化。中国"未富先老"的现实窘境考验着各级地方政府的执政智慧,各地区纷纷依据现实状况不断完善养老体系。2005 年上海坚持"政府主导、部门协作、社会参与"方针,①提出构建"9073"养老服务格局的发展思路,即 90% 的老年人由家庭自我照顾,7% 享受社区居家养老服务,3% 享受机构养老服务。这种养老服务格局以居家为基础、社区为依托、

---

① 上海市民政局.上海市养老服务社会化——求真务实开拓创新[J].社会福利,2008(12).

机构为支撑,符合中国的现实国情。上海"9073"养老服务格局提出后,各省市纷纷效仿,江苏(2011 年)、陕西(2011 年)、四川(2014 年)、湖南(2015年)、青海(2016 年)纷纷出台规划,致力于构建"9073"养老服务格局。2015年北京市民政局、规划委发布《北京市养老服务设施专项规划》,提出"9064"养老服务发展目标,调整了社区养老和机构养老服务的比例。2017 年,三支柱养老服务体系首次进入国家规划,《"十三五"国家老龄事业发展和养老体系建设规划》提出"夯实居家社区养老服务基础",模糊了居家养老和社区养老服务的界限,因为在具体实践中,这两者之间很难区分开来,因此,部分省市将其归并为"973"养老服务格局,即"97 + 3"。

党的十八大以来,我国养老服务机构建设呈现加快趋势,详见表 3.1。虽然我国养老服务机构数量 2020 年相对于 2013 年只增长了 1.81% ,但是养老床位的增长幅度却达到了 66.86% ,显示出我国单个养老服务机构呈现规模逐步扩大的趋势。

表 3.1　2013—2020 年我国养老服务机构和养老床位
单位:个、万张、张

年　份	2013	2014	2015	2016	2017	2018	2019	2020①
养老服务机构数	37324	33043	27752	28592	28770	28671	34369	38000
养老床位	493.7	577.7	672.7	730.2	744.8	727.1	775.0	823.8
每千老年人口养老床位	24.4	27.2	30.3	31.6	32.6	29.1	30.5	46.38②

数据来源:中国民政统计年鉴

从表 3.1 可以看出,2020 年全国范围内每千名老年人拥有的床位显著超过 30 张;反映出机构养老服务硬件基本满足了"9073"的政策目标。但很

---

①　数据来源:中国统计年鉴。
②　根据第七次人口普查数据计算得出。

显然,各省之间的发展存在着严重不均衡。详见表3.2。

表3.2　2019年全国各地区养老服务机构和养老床位情况

单位:个、人、张

地　区	养老服务机构数	老年人口①	养老床位	每千名老人养老床位②
北京	560	4297615	108563	25.26
天津	360	3003378	57078	19.00
河北	1432	14810132	201360	13.60
山西	554	6606035	56769	8.59
内蒙古	691	4756923	82918	17.43
辽宁	1836	10954510	168377	15.37
吉林	1455	5551338	134747	24.27
黑龙江	1478	7395590	156034	21.10
上海	673	5814815	136440	23.46
江苏	2412	18508967	427268	23.08
浙江	1675	12074139	311731	25.82
安徽	1828	11467005	246226	21.47
福建	535	6638106	66293	9.99
江西	1580	7623323	174133	22.84
山东	1950	21219238	332118	15.65
河南	2549	17965286	236975	13.19
湖北	1710	11793072	254619	21.59
湖南	2236	13209239	193187	14.63
广东	1768	15562545	228408	14.68
广西	477	8366164	71522	8.55
海南	22	1476900	5455	3.69

① 根据第七次人口普查数据和各地区60岁以上占比计算得出。

② 每千名老人养老床位数 = 养老床位数×1000/老年人数。

续表

地　　区	养老服务机构数	老年人口①	养老床位	每千名老人养老床位②
重庆	903	7010245	97435	13.90
四川	2436	18165813	293830	16.17
贵州	939	5930858	75966	12.81
云南	837	7038903	81110	11.52
西藏	8	310818	3118	10.03
陕西	687	7589568	101323	13.35
甘肃	235	4260877	22349	5.25
青海	70	719168	5604	7.79
宁夏	105	973799	17446	17.92
新疆	1368	2916145	39477	13.54

数据来源:中国民政统计年鉴

表3.2显示,千名老人养老床位数前五名的浙江(25.82张)、北京(25.26张)、吉林(24.27张)、上海(23.46张)、江苏(23.08张)与最后五名的山西(8.59张)、广西(8.55张)、青海(7.79张)、甘肃(5.25张)、海南(3.69张)相差甚远。党的十九大报告指出,新时代我国社会主要矛盾是人民日益增长的美好生活需要和不平衡不充分的发展之间的矛盾。可以说,机构养老的不平衡也影响着老年人的美好生活需要。

党的十八大以来,党和政府加强养老服务机构标准化建设。2019年12月,国家市场监督管理总局、国家标准化管理委员会发布《养老机构服务安全基本规范》,作为强制性国家标准规范养老服务。《养老机构服务安全基本规范》针对基本要求、安全风险评估、服务防护和管理要求做出明确规定。

---

① 根据第七次人口普查数据和各地区60岁以上占比计算得出。

② 每千名老人养老床位数 = 养老床位数×1000/老年人数。

第一,基本要求。明确养老机构应符合消防、卫生与健康、环境保护、食品药品、建筑、设施设备标准中的强制性规定及要求,并对养老护理员培训、建立昼夜巡查和交接班制度等提出要求。第二,安全风险评估。明确老年人入住养老机构前应进行服务安全风险评估,评估内容应包括噎食、压疮、坠床、烫伤、跌倒、走失、他伤和自伤、食品药品误食、文体活动意外共9方面内容。第三,服务防护。对上述9类安全风险提出了针对性预防和处置措施。第四,管理要求。主要通过养老服务突发事件应急预案、服务安全风险防范工作评价与改进和加大安全教育三种方式,建立提高养老机构服务安全工作长效机制。

另外,党和国家其他文件中也针对养老机构的服务规范做出了明确规定。2019年4月,国务院办公厅印发《关于推进养老服务发展的意见》(国办发〔2019〕5号),明确规定实施民办养老机构消防安全达标工程。从2019年起,民政部本级和地方各级政府用于社会福利事业的彩票公益金,采取以奖代补等方式,引导和帮助存量民办养老机构按照国家工程建设消防技术标准配置消防设施、器材,针对重大火灾隐患进行整改。对因总建筑面积较小或受条件限制难以设置自动消防系统的建筑,加强物防、技防措施,在服务对象住宿、主要活动场所和康复医疗用房安装独立式感烟火灾探测报警器和局部应用自动喷水灭火系统,配备应急照明设备和灭火器。

2.养老服务机构从业人员

党的十八大以来,党和政府着力加强养老服务人员的培养,取得了较为明显的成效。2018年7月,国家卫生健康委员会联合民政部、教育部等11部门印发《关于促进护理服务业改革与发展的指导意见》(国卫医发〔2018〕20号),明确加快辅助型护理人员培养培训,提高人员从业服务能力,鼓励有条件的院校、行业学会、职业技能培训机构等,积极开展护理员培训,提高从业技能,扩大护理服务业人员队伍,拓宽社会就业渠道。2019年9月,民政部印发《关于进一步扩大养老服务供给,促进养老服务消费的实施意见》(民发〔2019〕88号),明确提出开展养老服务人才培训提升行动,要求到2022年底前培养培训1万名养老院院长、200万名养老护理员、10万名专兼职老年社会工作者,切实提升养老服务持续发展能力。2020年7月,教育部发布《关于公布2019年度普通高等学校本科专业备案和审批结果的通知》(教高函〔2020〕2号)批准23所高校增设健康服务与管理专业,4所高校增设中医康复学专业,7所高校增设护理学专业。支持有关高校自主设置养老相关二级学科,全国共有11所高校自设了老年学、老年护理学等二级学科。在这些政策措施的推动下,我国养老服务人员的数量和质量都有了较为明显的增长和提高。从教育部获悉,截至2019年底,全国大中专院校共设置高职老年保健与管理、护理等相关专业点1200个左右,中职老年人服务与管理等相关专业点700个左右,增补中职智能养老服务专业;已有北京大学、中国人民大学、复旦大学等11所高校在社会学、护理学、公共卫生与预防医学等一级学科下自设了老年学、老年护理学、老年工程与老年保障等二级学科;截至2020年底,全国各级教育部门共培训养老护理员超过80万人次。

3. 养老机构提供的养老服务

2017年12月29日,国家质量监督检验检疫总局、国家标准化管理委员会联合发布《养老机构服务质量基本规范》(GB/T35796-2017),针对养老提供的养老服务种类及服务内容及其服务质量做出了明确规定,详见表3.3。

表3.3　养老机构养老服务种类及服务内容

服务种类	服务内容
生活照料服务	膳食服务,包括但不限于为老年人提供集体用餐和个人用餐服务
	清洁卫生服务,包括但不限于公共区域及老年人居室内的清洁
	洗涤服务,包括但不限于老年人衣物、被褥等织物的收集、清洗和消毒
医疗护理服务	常见病多发病诊疗、健康指导、预防保健、康复护理、院内感染控制
文化娱乐服务	文化、体育、娱乐、节日及纪念日庆贺活动
心理精神支持服务	环境适应、情绪疏导、心理支持、危机干预
安宁服务	临终关怀、哀伤辅导和后事指导

（二）天津市机构养老服务供给

统计数据显示,1988 年天津市 60 岁以上人口达到 10%,比全国提前 12 年进入老龄化社会。党的十八大以来,天津市老龄状况逐年加深,详见表3.4。

表3.4　党的十八大以来天津市老年人数一览表

单位:万人、%

年　份	2013	2014	2015	2016	2017	2018	2019	2020①
60 岁及以上人口	200.85	215.42	230.37	225.88	246.06	259.07	266.74	300.27
占总人口比重	20.01	21.19	22.43	21.85	23.43	23.95	24.07	21.66
65 岁及以上人口	129.53	137.96	146.93	142.88	156.67	167.63	178.46	204.57
占总人口比重	12.90	13.57	14.31	13.82	14.92	15.50	16.10	14.75

数据来源:天津统计年鉴

---

① 天津市 2020 年第七次全国人口普查主要数据公报(第 1 号)。

115

相对于第六次人口普查,2020 年天津 60 岁及以上人口的比重上升 8.64 个百分点,65 岁及以上人口的比重上升 6.23 个百分点,显示老龄状况进一步加深。

天津市现有 16 个市辖区,老年人在各区分布状况不均衡,详见表 3.5。老年人分布不均衡,各区提供养老公共服务的财力压力不一致。

表 3.5　2020 年天津市各区老年人情况

单位:人、%

区　域	总人口数	60 岁以上人口数	60 岁以上人口占比
和平区	355000	78491	22.11%
河东区	858787	247674	28.84%
河西区	822174	230209	28.00%
南开区	890422	249941	28.07%
河北区	647702	200658	30.98%
红桥区	483130	148466	30.73%
东丽区	857027	156922	18.31%
西青区	1195124	196837	16.47%
津南区	928066	147562	15.90%
北辰区	909643	186750	20.53%
武清区	1151313	228651	19.86%
宝坻区	722367	157187	21.76%
宁河区	395314	89262	22.58%
静海区	787106	146874	18.66%
蓟州区	795516	181219	22.78%
滨海新区	2067318	354545	17.15%
合　计	13866009	3001248	-

数据来源:天津统计年鉴、第七次全国人口普查公报

1. 天津市养老保险基金情况

"十三五"以来,天津市各类基本养老保险基金发展良好,参保人数和基金结余数都有了明显增长,详见表3.6。

表3.6　天津市各类基本养老保险基金情况

单位:万人、亿元

基本养老保险基金		2016	2017	2018	2019	2020
城镇企业职工基本养老保险基金	参保人数	639.00	655.01	683.16	695.57	730.83
	基金收入	595.19	700.05	793.15	876.76	760.52
	其中:保费收入	437.42	492.63	539.07	553.36	385.06
	财政补贴收入	140.94	152.18	168.27	180.62	180.42
	利息收入		25.78	2.90	2.27	12.55
	投资收益	12.35	19.05	24.36	8.96	—
	中央调剂金收入			48.20	115.50	133.96
	基金支出	593.06	646.16	742.18	871.49	947.35
	基金累计结余	404.86	458.75	509.73	328.16	515.00
城乡居民基本养老保险基金	参保人数	397.73	463.16	530.32	556.47	553.50
	基金收入	72.47	78.45	60.98	60.66	66.23
	其中:保费收入	55.48	48.46	20.75	32.14	23.72
	财政补贴收入	15.73	18.48	23.00	23.76	26.29
	利息收入	1.24	11.48	17.19	4.71	16.10
	基金支出	30.72	36.17	41.28	45.31	49.12
	基金累计结余	202.03	244.32	264.01	279.36	296.47

基本养老保险基金		2016	2017	2018	2019	2020
机关事业单位基本养老保险基金	参保人数	70.30	71.52	72.88	75.15	77.38
	基金收入	146.41	194.25	375.36	250.91	243.51
	其中:保费收入	78.71	108.11	199.66	137.11	118.29
	财政补贴收入	67.48	85.29	173.96	117.75	118.31
	利息收入	2.25	0.41	0.69	0.37	0.24
	基金支出	146.41	189.96	360.02	239.03	239.03
	基金累计结余		4.29	20.59	45.94	41.47

数据来源:天津市相关年份财政决算报告

2.天津市养老机构与养老服务

在一系列支持政策的扶持下,天津市养老服务机构数量明显增加,市、区级养老服务机构基本情况如表3.7所示。

表3.7　2020年天津市各区养老服务机构基本情况

单位:人、个、张

区　域	总人口数	60岁以上人口数	养老机构数	养老床位数	每千人养老拥有床位数
和平区	355000	78491	12	1188	3.35
河东区	858787	247674	38	5613	6.54
河西区	822174	230209	28	3711	4.51
南开区	890422	249941	31	5715	6.42
河北区	647702	200658	22	4767	7.36
红桥区	483130	148466	24	2203	4.56
东丽区	857027	156922	17	2990	3.49
西青区	1195124	196837	18	5395	4.51
津南区	928066	147562	31	5715	6.16
北辰区	909643	186750	13	2406	2.64

区　域	总人口数	60岁以上人口数	养老机构数	养老床位数	每千人养老拥有床位数
武清区	1151313	228651	15	2633	2.29
宝坻区	722367	157187	28	2573	3.56
宁河区	395314	89262	4	474	1.20
静海区	787106	146874	12	1188	1.51
蓟州区	795516	181219	58	3750	4.71
滨海新区	2067318	354545	23	4181	2.02
市级国办	-	-	6	2533	-
合计	13866009	3001248	380	57035	4.05（均值）

数据来源：天津市统计年鉴

从表3.7可以看出，截至2019年底，天津市已建成运营的养老服务机构达380家，其中市级机构6家，区级机构374家，每千名老年人口拥有养老床位4.05张（市级6家机构2533张床位未计算在内）。从各区情况来看，发展不平衡。每千名老年人口拥有床位数从1.20张到7.36张。

养老服务机构为入住老人提供的养老服务包括以下种类：

第一，咨询服务。养老服务机构为老年人提供入住咨询、法律、心理、医疗、护理、康复、教育、服务等方面的服务。

第二，膳食服务。养老服务机构为老年人提供食谱的制定、营养配餐、食品加工与制作、日常订餐、送餐等方面的服务。

第三，生活照料服务。养老服务机构为老年人提供清洁卫生照料、穿衣、修饰、饮食起居照料、如厕照料、口腔清洁、皮肤清洁、体位转移、便溺照料、睡前照料、皮肤护理等方面的服务。

第四，老年护理服务。养老服务机构为老年人提供综合评估、制定护理计划、开展护理措施、日常生活护理、老年常见疾病护理、健康指导、生活护理与指导、院内感染控制、自备药管理等方面的服务。

第五,协助医疗护理服务。养老服务机构为老年人提供观察老人日常生活情况变化;协助老人服药、协助生活不能自理的老人进行肢体活动;搬运;协助老人使用助行器具;完成标本的收集送检;协助进行并发症的预防;完成物品的清洁、消毒,协助做好院内感染的预防工作等方面的服务。

第六,医疗服务。养老服务机构为老年人提供疾病诊治、医疗告知、转诊转院、健康体检、疾病防控及慢性病管理等方面的服务。

第七,康复保健服务。养老服务机构为老年人提供配备适合老年人需要的基本健身器具和康复辅助器具,并指导老年人使用;对失智老年人进行非药物干预益智康复训练等方面的服务。

第八,心理、精神支持服务。养老服务机构为老年人提供环境适应、情绪疏导、心理支持、危机干预等方面的服务。

第九,休闲娱乐服务。养老服务机构为老年人提供文艺、美术、手工、棋牌、健身、参观游览、节日和特殊纪念等方面的服务。

第十,教育服务。养老服务机构为老年人邀请相关专业人员举办知识讲座或学习活动。

第十一,环境卫生服务。养老服务机构为老年人提供公共活动区域的清洁、老年人居室内的清洁等方面的服务。

第十二,安宁服务。养老服务机构为临终老年人提供姑息治疗、护理、生活照料、社会工作、心理慰藉、伦理支持、后事处理及对家属的心理抚慰和精神支持的活动。

3. 天津市养老服务标准

近些年来,天津市民政局、质量技术监督等部门制定和出台了一系列养老服务标准,用以规范和提升区域内各类养老服务机构的养老服务质量,也为政府采购公共服务,监督服务质量提供了基本依据。天津市现行养老服务标准详见表3.8。

表 3.8　天津市养老服务标准一览表

序号	标准名称	标准代码	发布日期	实施日期	标准主要内容
1	居家养老入户服务规范	DB12/T489－2013	2013年7月1日	2013年10月1日	规定了居家养老入户服务术语和定义、服务机构要求、人员要求、服务内容及要求、服务监督与质量改进等方面的要求。
2	养老服务机构服务规范	DB12/T526－2014	2014年8月4日	2014年9月1日	规定了养老机构的术语和定义、机构资质要求、环境及设施设备要求、人员要求、管理要求、服务内容及改进、服务质量评价与改进等方面的要求。
3	养老服务机构等级划分与评定	DB12/T610－2015	2015年12月30日	2016年1月1日	规定了养老机构的术语与定义、等级划分、等级评定等方面的要求。
4	综合养老社区服务规范	DB12/T890－2019	2019年7月16日	2019年8月15日	规定了综合养老社区的基本要求、人员要求、管理要求、设施设备要求、服务项目与质量要求、服务评价与改进。
5	养老服务机构老年人健康档案管理规范	DB12/T983－2020	2020年9月30日	2020年11月1日	规定了养老机构老年人健康档案内容、档案记录、归档与使用及质量控制等方面的要求。
6	养老服务标准体系建设指南	DB12/T978－2020	2020年9月30日	2020年11月1日	规定了养老服务标准体系的基本要求、标准体系框架、标准体系编写、评价与改进等方面的要求。
7	养老服务基本术语	DB12/T977－2020	2020年9月30日	2020年11月1日	规定了养老服务领域中的基本术语及定义。

序号	标准名称	标准代码	发布日期	实施日期	标准主要内容
8	居家养老送餐服务规范	DB12/T979-2020	2020年9月30日	2020年11月1日	规定了居家养老送餐服务的机构要求、人员要求、送餐用品要求、服务要求、厨余垃圾处理、应急与安全问题处理、评价与改进等方面的要求。
9	社区嵌入式养老服务规范	DB12/T981-2020	2020年9月30日	2020年11月1日	规定了社区嵌入式养老服务规范的基本要求、服务内容及要求、安全要求、人员要求、管理要求、服务质量控制、质量评价与改进要求。
10	养老服务机构膳食服务基本规范	DB12/T997-2020	2020年12月4日	2021年1月15日	规定了养老机构膳食服务基本规范的组织管理与人员、环境与设施设备、安全与应急、服务内容及质量要求、评价与改进。

二、社区居家养老模式下养老服务供给

（一）全国社区居家养老服务供给

社区居家养老是以家庭为核心，以社区为依托、以专业化服务为依靠，为居住在家的老年人提供助餐、助洁、助浴、助医等服务。党的十八大以来，党和国家颁行多项政策法规，增加社区居家养老服务。

1.社区养老服务设施

社区养老服务设施，是指为社区老年人提供居住、生活照料、医疗保健、文化娱乐等方面专项或综合服务的建筑的通称,包括星光老年之家、社区老年活动中心、老年社区日间照料中心等。其中,社区老年活动中心是指为社区老年人提供综合性文化娱乐活动的有一定规模的专门机构和场所;星光老年之家是指由政府利用福彩公益金资助,整合社区资源建成的社区老年福利服务机构;社区老年人日间照料中心是指为以生活不能完全自理、日常生活需要一定照料的半失能老年人为主的日托老年人提供膳食供应、个人照顾、保健康复、娱乐和交通接送等日间服务的设施。

"星光老年之家"源于"星光老年计划"。2001 年,民政部宣布实施社区老年福利服务星光计划,决定将把发行福利彩票筹集的福利金的绝大部分用于资助城市社区老年人福利服务设施、活动场所和农村乡镇敬老院的建设。其后三年的时间里,中央和地方财政投资了134 亿元,在全国建成了3.2万家"星光老年之家",涵盖老年人入户服务、紧急援助、日间照料、保健康复和文体娱乐等多种功能。各地纷纷出台星光老年之家的建设标准和管理办法。比如,青岛市出台文件,规定街道"星光老年之家"和利用企业、事业单位、民间组织、社会福利机构、军队离退休干部休养所等提供房屋改建的"星光老年之家",其功能设置以文体活动、图书阅览、健身康复、棋牌娱乐、休闲聊天、老年教育等服务项目为主。有条件的可以设置住养、医疗保健、入户服务等服务项目。居委会"星光老年之家"以文体活动、图书阅览、健身康复、棋牌娱乐、老年教育为主。也可以根据设施条件,设置入户服务、休闲聊天等服务项目。有条件的可设置医疗保健等服务项目。实践证明,"星光老年之家"为社区老人活动提供了方便,有力地提升了我国社区养老服务质量。但是不少地方的"星光老年之家",出现服务功能单一,经营不善的原因,①逐渐被综合养老服务中心所取代。

社区老年活动中心有以下部分构成。一是休闲娱乐用房,用于社区老年人开展休闲娱乐等活动和社会交往,包括棋牌室、多功能活动厅、影音室、游艺室、茶室等;二是康体健身用房,用于为老年人提供保健、康复和健身服务,包括医疗保健室、康复训练室、健身房、乒乓球室等;三是学习教育用房,用于社区老年人学习教育,包括阅览室、网络室、教室、书画室等。

2010年11月,民政部发布《社区老年人日间照料中心建设标准》(建标143－2010,下称),规定3.0~5.0万人的社区应设有建筑面积为1600平方米的一类日间照料中心,1.5~3万人(不含)的社区应设有建筑面积为1085平方米的二类日间照料中心,1.0~1.5万人(不含)的社区应设有建筑面积为750平方米的三类日间照料中心。社区老年人日间照料中心建设应满足日托老年人在生活照料、保健康复、精神慰藉等方面的基本需求,做到规模适宜、功能完善、安全卫生、运行经济。社区老年人日间照料中心应设置医疗保健室、康复训练室、网络室、多功能活动室、心理疏导室等设施。其中,医疗保健室用于为日托老年人提供简单医疗服务和健康指导;康复训练室用于为日托老年人提供康复训练;网络室用于为日托老年人上网及通过网络与亲人、朋友聊天;多功能活动室用于为日托老年人开展娱乐、讲座等集体活动;心理疏导室用于为日托老年人及老年人家庭照顾者提供心理咨询和情绪疏导服务。

党的十八大以来,我国社区养老服务机构和设施建设有了长足的进步,详见表3.9,为社区老年人养老服务提供了形式多样的养老服务。

---

① 陈宁.城市社区居家养老服务资源整合的路径研究——以广州"3＋X"模式为例[J].长白学刊,2021(04).

表 3.9 2015—2019 年我国社区养老照料机构和设施

单位:个、张、人次

年 份	2015	2016	2017	2018	2019
机构和设施数	26067	34924	43212	44558	63618
社区日间照料床位数	257938	373178	521038	541010	630532
社区全托服务床位数	1084364	1162247	1066418	766052	499045
年末照料和全托服务人数	557184	592320	564405	418349	585470

数据来源:相关年份中国民政统计年鉴

2. 社区互助型养老设施

民政部对我国互助型养老设施进行了统计。互助型养老设施是依托居委会或村委会而设立的微型五保村、五保家园、幸福院等互助型养老设施。这类设施没有专职服务人员,不是注册登记的独立机构,以相互帮助为主,提供的养老床位相对较少,可以住宿、不以营利为目的。党的十八大以来,我国社区互助型养老设施增长较快,详见表3.10。社区互助型养老单位数从 2015 年的 62027 家增长至 2019 年的 101276 家,增长幅度达到 63.28%,但覆盖率仍处于低位。统计数据显示,2019 年我国基层群众性自治组织总量为 64.3 万个(其中:村委会 53.3 万个、居委会 11 万个),社区互助型养老设施的覆盖率只有 19%,①从这个角度来看,我国互助型养老服务业呈现出发展不充分的态势。

表 3.10 2015—2019 年我国社区互助型养老设施

单位:家、张、人次

年 份	2015	2016	2017	2018	2019
单位数	62027	76374	82649	82648	101276

---

① 刘磊."十四五"时期完善农村养老服务体系的挑战与任务[J].行政管理改革,2021(05).

续表

年　份	2015	2016	2017	2018	2019
社区日间照料床位数	362149	435282	499263	615484	749574
社区全托服务床位数	344864	335902	326631	315963	323942
年末照料和全托服务人数	211111	260101	277340	322971	609622

数据来源：相关年份中国民政统计年鉴

（二）天津市社区居家养老服务供给

在完善"973"养老体系中，社区居家养老占据97%的比重。近些年来，天津市依托社区，发挥党群服务中心的功能，做实做细社区居家养老。

1. 兴建日间照料中心，提升养老服务水平

日间照料中心是社区居家养老的"标配"，最初起源于20世纪40年代的美国精神病机构，主要目的是帮助出院后的精神病病人在返回社区后可继续接受医疗照护、降低返院率。我国日间照料中心是社区在白天为需要帮助和照管的老年人提供护理和陪伴服务的机构。[1] 统计资料显示，天津市自2012年开始加快日间照料中心的建设，目前已经卓有成效，各年份日间照料中心建设情况详见表3.11。

表3.11　2013—2020年天津市日间照料中心及床位情况

单位：个、张

年　份	2013	2014	2015	2016	2017	2018	2019	2020
日间照料中心	903	1011	1039	1184	1251	1301	1410	1257

---

① 胡晓洁等.深圳、香港、上海日间照料中心的差异分析[J].护理研究,2020(06).

续表

年　份	2013	2014	2015	2016	2017	2018	2019	2020
养老床位	–	–	6121	7496	9892	10000	–	12000

数据来源:相关年份天津市统计公报

2. 推进既有住宅加装电梯,方便老年人生活

为方便居住在高层的老年人上下楼,推进既有住宅加装电梯便摆上了议事议程。2019 年 7 月 29 日,南开区学府街道在多次召开专题会议后,正式在辖区一座居民楼加装电梯,这是天津市首个既有住宅加装电梯试点项目。其后,效仿者甚众,北辰区天士力花园、河东区巨福新园、万明里、滨河家园、金堂南里 4 个小区,西青区青水家园,都纷纷在既有住宅加装了电梯。截至 2020 年 11 月底,全市已确定的加梯项目共 102 项。

3. 开展智慧养老体系建设,助力社区居家养老

自 2016 年开始,天津市依托"8890 便民服务专线"建立居家养老服务平台,老年人可以足不出户,拨打电话,由话务员联系商家为老年人提供服务。居家养老服务平台可提供 12 类 40 多项老年人在生活上所需的服务,包括家政、家电和房屋维修、配餐送餐、休闲旅游、法律咨询、社区医疗、精神慰藉等,平台会根据老年人的需求,向就近的加盟企业下单,将服务送上门。

2017 年天津市工业和信息化委、市民政局、市卫生计生委联合印发《天津市智慧健康养老产业发展实施意见(2018—2020 年)》,采取市区两级同步发展方式建设养老信息平台建设,推动全市智慧健康养老产业发展。在相关部门的积极推动下,天津市各区加快了智能养老体系建设,详见表 3.12。

表 3.12　天津市各区智慧养老体系特色

地　区	智慧养老体系特色
和平区	开通"89108910"养老服务热线,印发和平区智慧养老服务地图,实现"一个号码管养老,一张地图知养老",建立"区—街—社区"三级平台联动响应机制,突出家庭成员养老责任,形成"多点呼叫中心",按照不同处理方式提供个性化服务。
河东区	采用政府购买服务的模式,为符合条件的老人发放智能穿戴设备、一键呼叫器,让居家养老更安心。
河西区	在京东云的科技助力下,整合公安、社保、民政等多部门数据,精准掌握老年人收入、家庭状况、身体状况、生活需求 4 大类 21 项数据维度,形成了涵盖全区 20 余万老年人口数据,实现养老数据动态同步。
南开区	通过智能腕带、非接触体征监测、体温自动采集系统等系列智能设备,对辖区老人进行精准服务。
河北区	借助 5G、云、大数据等方面的技术优势,搭建覆盖全区 10 个街道、118 个社区的河北区智慧养老综合信息服务平台,全方位及时了解和掌握居住老人的生活健康动态,保障老人健康安全,构建起"技防 + 人防"的居家安全服务保障体系。
红桥区	通过"养老服务机构智慧安防管理平台"建设,进一步规范养老服务机构信息化的建设,扩大对各养老服务机构的监督范围,增强监测的力度,提高各养老服务机构的日常安全监管水平和信息化程度,提升养老服务的管理能力,促进养老事业的发展。
东丽区	建设社区智慧养老服务的综合体,运用智慧手段管理养老数据、紧急救助、居家安防、护理服务,更好地为老年人提供智慧、安全、便捷的居家养老服务。
西青区	利用政府购买服务和社会化运营的方式,成立西青区智慧养老服务中心。形成智慧养老"1 + 5"格局,形成区级智慧养老服务中心纵向与街镇、村居中心串联,横向与卫健、消防、食品安全等部门贯通,全区上下联动的智慧养老管理服务模式。
津南区	建立智慧养老信息化指挥中心,以"信息化、智能化呼叫救助服务平台"为支撑,各系统间相互支撑并有效结合,借助大数据分析、人工智能、远程监控等智能化手段,构建起一个完善的智慧养老指挥中心。

续表

地　区	智慧养老体系特色
北辰区	建设智慧养老平台,核心功能包括档案管理、服务管理、健康管理、体检管理、餐饮管理、监控管理、智能设备管理以及异常管理等,通过物联网技术,与平台相配套的智能可穿戴设备——智能手环实现了便捷高效的线上养老服务。
武清区	开发使用以居家养老服务为主的智慧养老服务平台,建立辐射全区的居家养老服务网络,依托平台、终端、热线,实现养老服务需求与社会服务资源线上、线下有效对接,打造没有围墙的"云上"养老院。
宝坻区	加强老年辅助技术、智能服务机器人的推广应用,促进健康保健、居家养老等智能终端与系统的完善,推动企业和养老服务机构对接,充分运用智慧健康养老产品,创新健康养老服务模式。
滨海新区	依托滨海新区居家养老信息服务平台,通过政府购买服务的方式,依托企业的信息平台,整合涉及老年人生活照料、配餐送餐、医疗服务、健康护理等各方面资源,面向全区老年人开展的居家养老信息服务。
宁河区	打造建行安心养老综合服务平台,以建设银行公有云为基础,利用大数据、互联网、物联网等现代通信技术,构建"金融机构、政府、养老服务机构、养老者"四位一体的全方位生态体系。
静海区	利用现有技术和服务资源,建成覆盖服务与监管的互联互通、资源共享、标准统一的智慧养老综合服务管理平台,"线上+线下"一体化服务运营,实现养老服务便民化、管理智能化、构建覆盖全区互联互通、标准统一的综合化养老服务平台。
蓟州区	建设老年宜居社区,加快互联网、物联网在社区养老服务领域的场景化应用,搭建智慧养老服务管理平台,开发手机 APP,对老年养护实现智慧化管理。

从表3.12可以看出,天津市各区推进智慧养老服务体系建设具有以下特征。其一,很好地依托互联网和大数据,整合各类养老服务数据,实现线上线下一体化运营。其二,采用政府购买服务的形式,依托社会力量提升智慧养老服务体系建设质量。其三,各具特色,发展不均衡,大部分地区智慧养老服务体系已投入运营,部分地区将其列入"十四五"规划重点。其四,各

129

自为战,与市级平台的纵向联系和与其他地区的横向联系做得还不够。

4.建设老年食堂和配餐中心,完善养老助餐服务

2019 年 7 月,天津市发布《关于推进老年人助餐服务工作试行办法》,决定从 2019 年第三季度开始,在各区开设老人家食堂,为老年人提供安全、方便、实惠的助餐服务,通过发放高龄和失能等老年人助餐补贴的形式,解决高龄和失能等老年人"吃饭难"问题。补贴对象包括两类:一是天津市户籍 80 岁以上的老年人,二是户籍 60 岁以上低保、低收入且照料等级为重度的老年人。补贴标准为 5 元,其中给予老年人助餐补贴为每餐 3 元(每天午餐 1 次,每周 5 天),助餐补贴不发放现金,通过助餐价格优惠的方式体现。补贴当日使用有效,不能累积使用和转赠;老人家食堂运营补贴为每人发放 1 次助餐补贴,给予老人家食堂 2 元的运营补贴。补贴资金由市、区财政按 40% 和 60% 的比例给付。

实践证明,助餐服务切实增加了天津市养老服务有效供给。2019 年和 2020 年,天津市老年人食堂分别为 1565 家和 1591 家,每年提供的助餐服务达 15 万人次以上,2021 年享受助餐服务的老年人达 190 万人次,服务覆盖率有了大幅提升。

5.推进嵌入式养老服务机构,改革养老服务供给方式

2021 年 12 月,天津市民政局发布《关于推进社区嵌入式养老服务机构发展的指导意见》,明确提出,按照"1 + N"的思路建设区域型和社区型嵌入式养老服务机构。所谓嵌入式机构,是指充分依托社区养老服务设施等资源,主要为社区内和周边有需要的老年人提供专业护理、生活照料、心理慰藉、居家入户等综合性养老服务的居家社区养老服务机构。

"十四五"时期,天津市嵌入式机构主要围绕"三入四嵌一床位"完善服务功能。"三入"即"入托""入照""入户"。"入托"服务,是按照《养老机构管理办法》和天津市养老机构有关要求,能够为老年人提供全日集中住宿和

照料护理服务的短期托养服务;"入照"服务,是按照天津市日间照料中心有关管理运营的要求,能够为周边老年人提供日间休息、生活照料、推介转送及其他护理服务的社区养老服务。"入户"服务,是能够为本社区或周边老年人提供助浴、助急、助医、助行、助洁等居家养老服务。

"四嵌"即"嵌餐""嵌智""嵌康""嵌护"。"嵌餐"服务,具备一级老人家食堂资质和能力,能够为周边老年人提供就、配、送等助餐服务;"嵌智"服务,依托或建设智能养老服务平台,引入智能穿戴设备,能够对老年人日常行动状态进行监测、预警和远程照护,为老年人提供线上线下相结合的"点菜式"智能养老服务;"嵌康"服务,设置"健康驿站",为老年人提供健康指导和代取药等医养康养服务,具备条件的可为有需求的老年人提供康复、护理指导。具备条件的,可内设医务室(护理站),配备相应的医务人员,鼓励实现医保定点;不具备条件的,可与附近的医疗卫生机构建立签约合作服务;"嵌护"服务。同时具备定点护理机构的资质,能够为老年人提供长期护理服务。

"一床位"是指发展家庭养老床位。可开设家庭养老床位进行入户服务。家庭养老床位要依规建设,进行必要的适老化改造,能够开展智能化监测、标准化管理、个性化服务;兼容长期护理保险服务,为照护者提供照护培训、"喘息服务"功能。

6. 实施特殊老年人适老化改造,改善居家养老环境

近些年,天津市筹集财政资金用于会同民政部门继续支持实施特殊困难老年人居家适老化改造工作。特殊困难老年人居家适老化改造包括两大类。一类是基础项目,由财政资金支付,包括安装床边护栏、洗浴或如厕区扶手、地面防滑处理,以及配置手杖、防走失手环等老年用品。另一类是可选类项目,由老人自愿选择,支付购买,包括安装闪光振动门铃、自动感应灯具、电动升降晾衣架,以及助听器、轮椅、紧急呼叫设备、红外探测器等老年

用品。2021年天津市筹集财政资金,按户均3500元的标准给予各区转移支付补助,统筹用于特殊困难老人居家基础项目适老化改造,惠及全市2000户。

7.完善新冠肺炎疫情防控措施,扎实做好老年人疫情防控工作

2020年新冠肺炎疫情暴发,这是我国遭遇新中国成立以来传播速度最快、防控难度最大的公共卫生事件。习近平总书记强调把人民生命安全和身体健康放在第一位,要求统筹做好疫情防控和经济社会发展,切实抓好工作落实,确保打赢疫情防控的人民战争、总体战、阻击战。老年人是传染病的易感人群和高危易发人群,新冠肺炎对于老年患者而言,病情进展更快,病情更严重,死亡率也更高。因此,做好老年疫情防控至关重要。天津市委对老年人疫情防控非常重视。2020年1月22日,天津市民政局制定《新型冠状病毒肺炎应急处置工作预案》,成立了以局党组书记、局长为组长,分管副局长、处室负责人为成员的工作小组,设立养老服务机构专项防控组,牵头负责养老服务机构疫情防控工作,下发《关于做好天津市养老服务机构新型冠状病毒肺炎防控的通知》,要求各区民政部门和养老服务机构严防死守,确保安全。严格落实"战时机制",克服麻痹思想和侥幸心理,通过微信工作群收集信息,各区民政部门检查情况上报民政局。迅速建立起市、区、养老服务机构"三级防控体系",区级成立由分管局长、科室负责人防控专项指挥组,指导属地养老服务机构工作,各养老服务机构成立专班,形成民政牵头、属地管理、部门协同、机构负责的立体综合防控机制。

天津全市各养老服务机构积极响应,严把"三道关",积极做好养老服务机构疫情防控。一是严把入口关,养老服务机构实行全封闭管理,严格控制进入人员,通过核查登记、体温监测、协助消毒、劝退家属、返院隔离等方式,最大限度阻断病毒传播途径。二是严把自我保护关,加强养老人员房间、公共活动区域、食堂等人员集中区域的通风、换气、消毒、杀菌工作,保证卫生。

三是严把监控关,各区建立每日疫情防控进展监控机制,养老服务机构设专门人员 24 小时不间断实时监控老人健康状况和院内消防安全管控情况,并向区民政局汇报。

2021 年,新冠肺炎疫情呈现多地散发态势,病毒发生变异,从德尔塔到奥密克戎,传染性极大增强。天津市委积极落实中央的决策部署,多措并举实施动态清零。2021 年 8 月,天津市各区开展预防性"大筛",重点关注小餐馆、小便民店、小网吧、小旅馆、小浴室、小歌舞厅、小理发店"七小"场所,检测结果均为阴性。2021 年 12 月 20 日,天津市对返津集中隔离人员检测中发现新冠病毒可疑阳性标本 1 份,为普通型病例。市委书记李鸿忠、市长廖国勋迅即做出批示,要求立即公布相关信息,有力组织医疗救治,严格落实区域封控、人员核酸检测相关措施,严密筑牢疫情防控网。在西青区、南开区疫情防控领导小组的指挥下,重点区域实施封控,重点人群实施全员核酸检测。经过 10 天的奋战,2021 年 12 月 30 日,天津市治愈出院 2 人,包括 1 例本土病例,1 例境外输入病例,本土病例再次清零。2022 年 1 月份,奥密克戎在津南区、河北区暴发,天津市委多措并举,为全国乃至全球防控变异病毒贡献了"天津方案"。

现以南开区 GJL 社区为例,简单介绍其实践情况。

GJL 现有社区居民中,60 岁以上人口约为 45%,老人总数近 2000 名。党的十八大以来,在市委、区委和街道工委的大力支持下,社区居家养老服务取得了可喜的成绩。突出表现在以下四方面:

(1)发挥离退休人员力量,完善社区机构建设

近些年来,GJL 社区注重发挥党建力量促进社区管理和养老服务体系建设。由于该社区较大比重的居民是高校的工作人员和离退休人员,这些人中,党员所占比例较大。社区组织社区党员积极参加基层党建工作,实现老有所为,发挥离退休党员对于基层党建的重要作用。

2018 年 8 月 22 日,GJL 社区 6 个社区党支部结合实际分别召开党员大会,开展了基层党支部换届选举工作,选举产生新一届社区党支部班子。首先由 GJL 社区党支部书记对以往的工作进行了总结,并提出在保证过去三年工作业绩的基础上,还应加强努力,使基层党组织工作朝向更高、更优的方向发展。其次,由党总支书记对初步候选人的情况进行了介绍,使与会党员对候选人的情况有了更加清晰的了解。最后,大家通过投票,选出了基层党支部委员。同时,召开了第一届党支部委员会议,在委员的基础上选举产生了书记,使基层党支部换届选举大会圆满完成。新当选的党支部书记们纷纷表示,非常感谢同志们的信任,作为新一届党支部书记,一定不负众望。扎实抓好各项党务工作,有信心、也有决心在上级党委领导下,认真履行职责,做好支部工作。

（2）社区基础设施提速,提升社区养老环境

一是积极帮助居民解决实际问题。在加强社区基础设施建设的同时,GJL 社区党群服务中心加强社区管理,做了很多实事,力争为社区老人提供安全舒适的养老环境。比如,GJL 社区党群服务中心社区书记为社区居民解决屋内跑水问题、协调接电事宜,为年老体弱、行动不便的老党员上门收取党费。正是通过这些"润物细无声"的工作,GJL 社区党群服务中心努力为社区老人提供了安全舒适的养老生活环境。

二是制止违章建筑。在提供服务的同时,GJL 社区党群服务中心也通过制止违章建筑等形式加强社区治理。这些行动,既有效改善了社区环境,也为南开区创文创卫做出了积极贡献。

三是加强文化宣传。GJL 社区党群服务中心深入辖区 110 个楼门张贴如何减少蚊、蝇、鼠、蟑侵害的宣传海报。社区书记呼吁广大居民行动起来,共同参与到南开区创建国家卫生区工作中来,为共同营造一个更加整洁、健康的生活环境做出自己的贡献。为了将创建文明城区工作宣传到位,GJL 社

区党群服务中心利用专项资金组织人员将 GJL 小区 4 号楼前的车棚顶修缮好,并联合共建单位充分利用车棚这一公共区域,由共建单位出资设计制作创文主题宣传画,悬挂在车棚空余地方,形成一抹亮丽的创文主题风景。

(3)开展形式多样的活动,助力社区居家养老

一是居家养老社区大集。为了创新居家养老服务新模式,近些年来,GJL 社区党群服务中心积极与居家养老企业对接,在党群服务中心持续开展居家养老大型特卖会活动,为辖区居民提供居家养老服务,解决居民生活难题,获得了辖区居民的一致好评。特卖会包含了十余家企业百余种商品,产品种类丰富,解决了居民不同需求。其中包括星辰中联牛奶干货、六月鲜调料、老实在香油麻酱、黄泥塘纯藕粉、钙奶汤圆月饼、斑布卫生纸、山药制品和好孝心公司的调味品等等。每次居家养老大型特卖会都收到了很好的效果,GJL 社区党群服务中心表示将会持续开展下去,为辖区居民一如既往开展居家养老服务。

二是提供医疗卫生服务。其一,医疗康复。GJL 社区党群服务中心在办公大楼的二楼设立了为老健康驿站,内设四个理疗床,方便社区老人享受理疗服务、血压监测和腿部治疗。社区居民齐大妈说:"我们到这里就可以取到药,而且同样按照医保走,报销比例是一样的,我们生活在 GJL 社区感到无比幸福。"社区居民王大妈也说,一旦感觉不好受了,我们就上楼量量血压,前两天社区还组织给我们检查身体,医疗服务很丰富。社区居民肖阿姨老伴患有帕金森综合征,下床翻身都需要她亲自照料,然而最近几年肖阿姨的风湿病越发严重,照料老伴显得心有余而力不足,GJL 社区党群服务中心考虑到这个情况,积极与有关企业对接,为她免费提供了看护理疗床,以及远程呼叫可视服务。智能化的居家养老设施可以更好地照顾独居老人、失能老人和半失能老人的生活。居民们对 GJL 社区党群服务中心的这一举措大加赞赏,解决了他们的一大困难,为他们减轻了很多照料老人的负担,让

他们感受到了来自社区党组织的关怀与温暖。其二,健康讲座。2018年8月22日至23日,GJL社区党群服务中心联合医博肛肠连锁医院利用两个上午半天时间为辖区居民免费进行肛肠筛查及查体活动,此次活动吸引了社区的居民广泛参与,获得一致好评。在活动现场,医博肛肠连锁医院医护人员为社区居民免费提供听诊、量血压、测血糖、心电图、健康咨询等服务,并对患者在生活习惯、饮食、用药等方面提出了指导意见,吸引居民参加,并发放大肠癌筛查宣传资料,肛肠医院专家指出,定期筛查是早期发现大肠癌的重要手段,建议40岁以上有家庭史的人群每年做一次防癌筛查,做到疾病的早发现,早治疗,早预防。此举对专业的疾病预防知识进行了传播,有效加强了社区居民对自身健康的关注,使更多居民懂得对疾病早预防,帮助更多家庭实现健康快乐地工作和生活。2018年9月10日,GJL社区党群服务中心联合天津市南开区福泽门诊部针对辖区众多退休老教师们在二楼居家养老中心开展心脏筛查公益义诊活动,20余名退休老教师参与了此次义诊活动。活动现场,前来参加义诊的老教师们有条不紊地进行签到,排队等候检查。老师们享受着福泽门诊部的医师提供的心电图监测服务,待结果出来,医师们会针对心电图向老师们逐个讲解监测结果及注意事项。而等候在外的老师们,他们有的向医师咨询病理,有的坐上了按摩椅享受着按摩服务,有的接受血压监测,有的相互探讨着养生心得。此次活动得到了退休老教师们的一致好评,大家纷纷感叹心脏筛查公益义诊是GJL社区送给我们的最好的教师节祝福,任何礼物都比不上健康。

三是提供法律咨询服务。2018年9月7日,GJL社区党群服务中心联合天津广播电视台科教频道《法眼大律师》节目在居委会三楼教室举办了《法眼大律师》走进GJL社区活动,此次活动还邀请了天津市存合律师事务所的律师共同参与。活动现场虽然人员爆满但是秩序井然,活动中存合律师事务所为在场的社区居民进行了法律事务咨询,为他们答疑解惑。居民们根据自己的需求有的咨询遗嘱继承法律知识;有的咨询婚姻法知识;现场居民在听过律师们的讲解后都感觉大有收获,纷纷表示不枉此行,开展这样的法律咨询活动很有意义。GJL 社区作为《法眼大律师》栏目的社区服务站,定期安排这样的法律知识讲座或法律事务咨询活动,以满足社区居民及周边居民对于法律咨询的需要。此类活动的开展,体现了 GJL 社区"为民服务、便民服务"的特色和特点,在满足社区居民需要的同时拉近了居委会与社区居民的距离,有利于日后的工作开展。

四是开展爱国卫生运动。病媒生物是一种能直接或间接传播疾病的生物,是创建国家卫生城市的重要考核指标之一,更是与市民日常生活息息相关的大事。2018 年 10 月 10 日,GJL 社区党群服务中心开展"创国卫"病媒生物防治工作部署动员会。在动员会上,党群服务中心的闫主任向街领导汇报了当前工作的开展情况,随后针对社区病媒生物防治工作进行了严密部署,刘处长表示搞好病媒生物防治,助推"创国卫"工作开展,全体人员要高度重视起来,加强巡查,不留死角。党群服务中心的全体人员按区域网格被划分成四组,每组两人,每天分时段深入小区进行巡查和清整工作,以保证此次病媒防治工作的圆满完成,助力争创国家卫生城区。

(4)开展文化娱乐活动,实现"老有所乐"

2018 年 10 月 18 日,天津市第二十九届"南开之夏"系列活动庆祝改革开放四十周年京剧专场走进 GJL 社区党群服务中心,为社区居民带来了一场精彩的视觉和听觉盛宴。街文卫科刘凯江科长、南开文化宫活动负责人关煦、京剧演出人员及观看演出居民 30 余人参与了此次活动。在演出中,演员们为该社区居民奉献了一段段京剧精彩唱段,有《杜鹃山》《黛诺》《赵氏孤儿》《铡美案》《凤还巢》《沙家浜》《梨花颂》等。京剧团还安排了互动环节,由梅派青衣孟祥兰老师带领大家领唱《霸王别姬》等 10 余个京剧选段。京剧团的演员们为居民献上了专业水平的演出,一开口就引发居民阵阵喝彩,获得了观众的热烈掌声。这些演员有的曾在中央电视台京剧票友大赛及天津"和平杯"票友大赛中荣获一等奖,甚至有些演员还是科班出身,他们专业的演唱使得观看此次演出的居民听得如醉如痴,流连忘返。

三、农村养老服务供给

（一）全国农村养老服务供给

之所以要对农村养老服务供给进行单独论述,是因为农村养老服务与城市、社区、企业养老服务既有交集,又有明显的区别。我国农村养老服务供给体系大致包括以下类型。

1. 农村特困人员救助供养服务机构

农村特困人员救助供养服务机构,也称农村敬老院,是为农村特困人员提供集中供养服务的主要阵地。农村特困人员是具有农村户籍的农村老年人、残疾人和未满16周岁的未成年人。认定为农村特困人员,需同时具备"三无"条件。一是无劳动能力。年满60周岁的老年人,残疾等级为二级及以上的重度残疾人,以及未满16周岁的未成年人,被视为无劳动能力。二是无生活来源。除城乡居民基本养老保险中的基础养老金、基本医疗保险和高龄津贴等社会福利补贴外,其他家庭人均可支配收入低于当地最低生活保障标准,且家庭财产符合当地特困人员财产状况规定的,被视为无生活来源。三是无法定赡养抚养扶养义务人或者其法定义务人无履行义务能力。法定赡养、抚养、扶养义务人具备特困人员条件,年满60周岁或者重度残疾的最低生活保障对象,无民事行为能力、被宣告失踪或者在监狱服刑的人员且财产符合当地特困人员财产状况规定的,被视为无履行法定义务能力。党的十八大以来,党和国家积极推进特困人员救助。2014 年 2 月,国务院公布《社会救助暂行办法》,加强社会救助,保障公民的基本生活,促进社会公平,维护社会和谐稳定。2016 年 2 月,国务院公布《关于进一步健全特困人员救助供养制度的意见》,明确救助供养内容包括提供基本生活条件、对生活不能自理的给予照料、提供疾病治疗、办理丧葬事宜等。在一系列政策推动下,我国农村特困人员供养事业得到了迅猛发展。全国农村养老服务推进会议披露,2020 年底,我国农村地区已有养老机构 2 万多家,养老床位 194 万多张,全国 388 万城乡"三无"老年人被纳入特困供养。①

2. 基本养老保险

前文已述及,我国自 2009 年开始建立新型农村社会养老保险制度,并于 2014 年将"新农保"与城镇居民基本养老保险进行并轨,建立起全国统一的城乡居民基本养老保险制度,从制度层面保障了农村老年人"老有所养",供给水平有了较大提升。

3. 各地农村养老模式创新

农村养老不同于城镇,分散广,支付能力低是其显著特点,各地创新模式,为农村老年人提供了丰富多彩的养老服务。

第一,邻里互助养老服务点模式。第七次人口普查显示,北京市延庆区现有老年人口 7. 96 万人,占全区常住人口 345671 人的 23. 02%。居住分散,空巢独居老人增多,农村老人居家养老难以实现。近年来,延庆区探索建立的邻里互助养老服务点模式,有望打通农村居家养老服务的"最后一公

---

① 李昌禹. 我国农村养老床位达 194 万余张[N]. 人民日报,2020 – 11 – 22.

里"。2018年,延庆区民政局出台"一免两补"①政策,为养老餐桌提供运营资金保障,全区养老餐桌迅速增加。2021年,延庆区民政局以村为单位,以农村党组织为领导核心,依托老年幸福餐桌、村委会、邻里互助服务队等服务力量,开展农村邻里互助点建设,为其周边的兜底保障老年人提供基本居家养老服务,确保农村老年人日常生活有人关心、突发事件有人帮扶。这种模式的好处在于农村老人不离家,不出村就能享受农村邻里互助点提供的巡视探访服务、养老顾问服务、生命体征监测、基础居家服务,真正把养老服务送到老年人的周边、身边、床边。在北京市民政局的推动下,这一模式已在怀柔区、密云区等地广泛开展。

第二,互助合作养老模式。互助合作养老最早出现在河北省青县,2008年,青县出台了《农村合作养老办法》,致力于通过"五个合作"为农村老年人提供养老服务,"五个合作"包括政府与农民合作、村民之间合作、家庭成员之间合作、会员之间合作、社会多元合作。"青县模式"引发了人们对于农村互助合作养老的关注。其后,多次出现在党和政府文件中,推动了我国农村养老体系的完善。2016年12月,国务院发布《关于全面放开养老服务市场提升养老服务质量的若干意见》,鼓励各地建设农村幸福院等自助式、互助式养老服务设施,提升农村养老服务能力和水平。2018年3月,李克强总理在《政府工作报告》中提出"发展居家、社区和互助式养老"。2019年国务院发布《关于推进养老服务发展的意见》,强调推动居家、社区和机构养老融合发展,积极开展互助养老服务。在众多互助养老服务模式中,幸福院是其中最有代表性的一种模式。截至2019年底,全国各地建立的农村幸福院达到9万家,大都以河北省肥乡县前屯村为蓝本。"肥乡模式"按照"村级主办、

---

① "一免"是指村里免费提供房屋、场地。"两补"是指政府为老年餐桌提供建设补贴和运营补贴,其中,建设补贴按实际支出的80%补助,最高10万元;运营补贴根据运营服务量核算,每个餐桌每年补贴最高10万元。

互助服务、群众参与、政府支持"的原则实施"集体建院、集中居住、自我保障、互助服务"的社会化养老,在实践过程中,幸福院存在参与主体间"中心－边缘"权力结构固化、多重目标冲突与互信质量低下等问题,限制了协作优势,滋生了协同惰性。

第三,集体养老金供养模式。改革开放以来,河北省石家庄市晋州市周家庄乡大力发展集体经济,在实践中形成了养老福利双轨制,即周家庄乡的老年人除了享受国家养老福利政策以外,还享受集体经济提供每月80~160元的养老补贴。①"周家庄模式"重视发挥集体经济的力量,在全面推进乡村振兴破解养老难题方面有着非常大的参考价值。

第四,失地农民养老保险。失地农民养老保险,也被称为被征地农民养老保险,是针对部分或全部失去土地而建立起来的一种特殊养老保险制度。城镇化的快速推进,必然造成失地农民的大量增加。为了保障失地农民的权益,国家持续推进失地养老保险制度建设。2006年4月,国务院发布《国务院办公厅转发劳动保障部关于做好被征地农民就业培训和社会保障工作指导意见的通知》(国办发〔2006〕29号),要求有条件的地区可将被征地农民纳入城镇职工养老、医疗、失业等社会保险的参保范围,通过现行城镇社会保障体系解决其基本生活保障问题。各地区实施的失地养老保险政策不尽相同,一般按照不同的年龄段采取不同的缴费比例,按当地的经济发展水平确定缴费数额,并且逐步提高失地农民养老保险的统筹层次,从失地月份开始领取。失地农民养老保险的保障层次相对较低,各地设置了失地农民养老保险与其他类型养老保险制度接轨条件,比如,2017年4月,上海市发布《被征收农民集体所有土地农业人员就业和社会保障办法》,赋予了失地农民转入城镇职工养老保险、城乡居民养老保险的选择权,以提升保障

---

① 冯艳博等.乡村振兴的周家庄模式[J].全国流通经济,2019(20).

程度。

需要特别指出的是,随着经济社会发展需要,一些新型失地农民养老保险形式应运而生。比如,2020年1月1日长江十年禁捕计划实施后,如何保障23万渔民生存发展?各地有针对性地出台了政策规定,安徽马鞍山市将符合参保条件的长江退捕渔民全部纳入城乡居民基本养老保险范围,实现养老保险全覆盖;江苏省政府将退捕渔民全部按照失地农民标准纳入社会保障。

值得肯定的是,失地农民保险弥补了发展过程中出现的制度空白。虽然各地的政策和措施存在明显差别,但都很好地体现了以人民为中心的发展思想。因为发展的根本目的在于增进民众的福祉,在于满足人民美好生活的需要。

4.乡村振兴战略为增加农村养老服务供给提供了重要机遇

乡村振兴战略是习近平总书记亲自谋划、亲自部署、亲自推动的国家战略。这一战略是习近平总书记在党的十九大报告中正式提出的,按照产业兴旺、生态宜居、乡风文明、治理有效、生活富裕的总要求,致力于实现城乡融合发展。习近平总书记强调,把乡村振兴战略作为新时代"三农"工作总抓手。2018年9月,中共中央、国务院印发《乡村振兴战略规划(2018-2022年)》,提出加快建立以居家为基础、社区为依托、机构为补充的多层次农村养老服务体系,要求以乡镇为中心,建立具有综合服务功能、医养相结合的养老机构,与农村基本公共服务、农村特困供养服务、农村互助养老服务相互配合,形成农村基本养老服务网络;提高乡村卫生服务机构为老年人提供医疗保健服务的能力;支持主要面向失能、半失能老年人的农村养老服务设施建设,推进农村幸福院等互助型养老服务发展,建立健全农村留守老年人关爱服务体系;开发农村康养产业项目;鼓励村集体建设用地优先用于发展养老服务。在党和国家的推动下,各地以乡村振兴战略为手段提升农村养老服务能力。一是启动敬老院改造提升工程。2019 年 9 月,民政部、发展改革委、财政部、人力资源社会保障部等部门印发《关于实施特困人员供养服务设施(敬老院)改造提升工程的意见》《关于进一步加强特困人员供养服务设施(敬老院)管理有关工作的通知》等文件,部署为期三年的改造提升工程,着力提升农村特困人员供养服务设施(敬老院)的设施条件、设备配置和安全管理。各地区积极落实党和国家的决策部署,优化农村养老设施布局。以浙江松阳县为例,从 2019 年开始,将全县特困人员统一安排在县养老服务中心集中供养,将原有的乡镇敬老院整合改造成乡镇级居家养老服务中心或社会化养老院,充分盘活国有养老资源;引入社会运营机构提高了设施共享率,又减少了财政投入,还提升了管理效能,养老机构服务质量得到明显提升,实现了农村敬老院的转型升级。① 二是扩大农村养老服务供给。2019年 9 月,民政部印发《关于进一步扩大养老服务供给,促进养老服务消费的实施意见》,各地纷纷制定细则。比如,黑龙江省制定出台了《关于推进养老服务发展的实施意见》,提出从四个方面推进中医康养和生态养老产业发展:一是支持养老服务与文化、旅游、餐饮、体育、家政、教育、健康、养生、金融、地产等行业相互融合,拓展旅居养老、文化养老、健康养老、养生养老等新型消费领域,促进养老服务与相关行业融合发展。二是打造融合医疗、照护、康复、养老为一体的中医药医疗养老机构,推动养老机构与中医医疗机构合作开展中医药康养服务,鼓励家庭医生团队提供与家庭结合的中医药养老服务,推进"中医药 + 旅游 + 养老"发展,打造一批中医药健康养老旅游基地。三是围绕发展智慧健康养老服务,提出要开发适老化信息技术、产品和服务,拓展云计算、大数据等在养老服务领域的应用,推动医养结合、家庭

---

① 马丽萍.幸福养老看"浙"里——浙江省养老服务迈入高质量发展新时代[N].中国社会报, 2020 - 04 - 29.

医疗和智慧健康养老服务发展,推广"互联网＋医疗"服务模式,开展慢性病管理"云"服务,推进老年人健康卡的应用和普及,鼓励有合作意愿的养老机构与周边的医疗机构开展多种形式的签约合作。四是围绕支持养老产品研发生产,提出要鼓励支持应用技术研究与开发计划项目中养老服务领域项目立项,支持企业研发生产照护、康复机器人等相关康复设备,可穿戴、便携式监测、居家养老监护等智能养老设备,以及适老化日用品,服饰、食品、保健品等。引导推动符合条件的企业和产品进入智慧健康养老产品及服务推广目录,加大优秀智慧产品和服务的宣传推广力度。

经过三年多时间的努力,我国乡村振兴战略取得了明显成效。2020年10月,党的十九届六中全会做出决定,从2021年开始,全面推进乡村振兴战略,加快农业农村现代化。

（二）天津市农村养老服务供给

党的十八大以来,天津市委市政府积极响应党和国家的号召,积极推进农村养老服务体系建设,取得了明显的工作成效。分述如下:

1. 农村特困人员救助供养服务

2017年1月,天津市人民政府出台《关于完善特困人员救助供养制度的实施意见》(津政办发〔2016〕115号),明确将符合条件的60周岁以上的老年人、残疾人及未满16周岁的未成年人纳入特困救助供养范围。符合条件,是指同时具备以下条件的,纳入特困人员救助供养范围:具有天津市户籍的无劳动能力、无生活来源且无法定赡养、抚养、扶养义务人,或者其法定赡养、抚养、扶养义务人无赡养、抚养、扶养能力。天津市各级政府针对特困人群提供如下救助供养服务:第一,保障基本生活。采取社会化发放手段按月为特困人员发放救助供养金,标准为不低于城乡低保标准的1.5倍;落实物价补贴、年终一次性补贴和过节费、供暖补贴、电费减免等优惠政策,保障特困人员基本生活。第二,照料生活不能自理的特困人员。按照困难老年人居家养老服务(护理)补贴标准,发放照料护理补贴;采取亲属和供养服务机构照料、政府购买服务、志愿服务等方式对生活不能自理的特困人员在日常生活、住院期间的饮食、起居、清洁等方面给予照顾和帮助。第三,提供疾病治疗救助资金。全额资助特困人员按最高档参加城乡居民基本医疗保险;医疗费用经基本医疗保险、大病保险报销和医疗救助、重特大疾病救助后,自付部分仍有困难的,由临时救助资金予以支持。第四,住房救助。对住房困难的城镇分散供养特困人员,采取优先配租公共租赁住房、发放住房租赁补贴等措施帮助其解决住房困难;对符合农村危房改造条件的农村分散供养特困人员给予危房改造补贴。第五,教育救助。对特困人员中的在校学生(含学龄前儿童),通过减免学费、发放寄宿生生活费补助等方式给予教育救助。

2020 年 5 月,天津市民政局出台《关于加强分散供养特困人员照料服务有关工作的通知》(津民发〔2020〕20 号),要求各区民政局会同乡镇人民政府(街道办事处)、村(居)委会,充分考虑特困人员生活自理能力、照料服务人落实照料服务情况等综合因素,在征求分散供养特困人员意见的基础上,合理确定供养方式。对于委托照料人不能尽到照料责任或者居住条件有严重安全隐患的,确需集中供养的重点群体,各区必须及时变更供养方式,就近集中供养,避免冲击社会道德和心理底线的极端事件发生。完全具备生活自理能力的,适宜在家分散供养。区民政局要指导乡镇人民政府(街道办事处)建立定期探访制度,详细如实填写探访记录,监督照料服务人员严格落实照料服务内容。各区要加强委托照料服务与相关服务项目的衔接,整合服务资源,拓展服务类型,全面提升分散供养特困人员照料服务水平。要积极探索"物质 + 服务"的供养方式,改变现行简单发放社会供养金的供养方式,为分散供养特困人员提供多元化的照料服务。要引导和支持社区日间照料中心、农村幸福大院等为分散供养特困人员提供送餐、助餐服务;引导和支持村级卫生所、社区医院、精神障碍康复服务站点、残疾人康复机构等为分散供养特困人员提供助医疗及康复服务;引导和支持公益慈善组织、志愿服务组织、社会工作服务机构为分散供养特困人员提供助娱、助洁服务;积极配好做好家庭医生签约服务工作,为分散供养特困人员提供定期随访、记录病情、进行康复治疗等服务;积极协助有关部门落实好分散供养特困人员的医疗、住房、教育等救助政策。对于分散供养特困人员面临的重大疑难问题和特殊个案需求,要发挥好困难群众基本生活保障工作协调机制作用,采用一事一议的方式予以协调解决。在各项政策的推动下,天津市农村特困人员救助供养服务有了较大进步(详见表3.13)。救助供养的农村特困人员中,老年人和分散供养占比占绝大部分,显示出针对老年人的救助供养整体工作难度不小。

表 3.13 2015—2019 年天津市农村特困人员救助供养情况

单位:人

年 份	农村特困人员救助供养			
	总数	其中:老年人数	集中供养	分散供养
2015	12060	10449	1166	10894
2016	11578	10075	1073	10505
2017	11907	9665	993	10104
2018	9961	8632	886	9075
2019	10347	8993	911	9436

数据来源:中国民政统计年鉴

2. 加快推进农村幸福院建设

2013 年,天津市按照"政府支持、村级主办、互助服务、群众参与"模式推动农村幸福院建设。各行政村负责农村幸福院建设,天津市福彩公益金给予一次性建设补贴,补贴标准参照照料中心进行,入住幸福院本着自愿入住、自我管理、自我服务的原则。幸福院老人年轻的照顾年老的,身体好的照顾身体弱的,互相帮助、互相服务,共同生活。这种互助型农村养老模式很好地解决了老人的生活照料、精神慰藉、文化活动等需求问题,传承了传统居家养老习俗,又促进了家庭和睦。以武清区为例,辖区村委会整合现有土地房屋资源,建成农村幸福院,以老人互助服务为辅,配齐必要的住养活动设施,为村里老年人提供文体娱乐、康复健身、老年课堂、医疗保健、临时住养等服务。在市级财政给予每所新建幸福院30万元至50万元补贴基础上,区财政每所再补贴20万元配套资金用于购置设备,有效减轻了镇村建设压力。武清区通过建立健全农村幸福院运营评估指导制度,聘请第三方专业养老服务咨询公司对幸福院的硬件建设及服务功能设置进行培训指导。同时完善助餐补贴制度,按照每月政府补贴190元、老人自己出资30元方式为60周岁以上的低保、低收入、分散供养特困老年人提供每月22天的午餐服务,同时采取政府每餐补贴3元、老人每餐个人负担7元的方式为80岁以上高龄老年人提供午餐服务。截至2020年底,武清区建成并投入运营的幸福院达到112所,数量居全市涉农区县首位。

3. 提升失地农民养老保障

从21世纪初,天津市就通过法规制度建设来保障失地农民权益。2004年12月,天津市人民政府颁发《被征地农民社会保障试行办法》,决定建立被征地农民社会保障基金制度,所需资金来源于征地补偿费和政府补贴。2010年10月,天津市人力资源和社会保障局、天津市财政局联合印发《关于被征地农民养老保险与城镇企业职工养老保险等制度衔接问题的通知》(津人社局〔2010〕53号),将失地农民养老保险制度与其他保险制度进行有效衔接,提升保障程度。党的十八大以来,天津加快推进城镇化建设,城镇化率从 2012 年的 81.55% 跃升至 2020 年的 84.70%,在全国名列第三,仅次于上海、北京。健全失地农民社会保障制度,是推进以人为核心的城镇化建设、提升城镇化建设质量的必然选择。2019 年,天津市财政局发布《关于调整 2019 年征地参保人员养老保险待遇的通知》,决定自 2019 年 1 月 1 日起,对此前办理领取养老保险待遇手续的征地参保人员,调整养老保险待遇标准,所需资金由城乡居民基本养老保险基金支出。

四、其他类型的养老服务供给

(一)妥善做好国企退休人员社会化管理工作

近些年来,天津市相关部门积极落实"五个移交"任务,围绕国有企业退休人员组织关系、人事档案、养老保险服务、医疗保险服务和退休人员活动场所等方面,全力做好国企退休人员的社会化管理工作。

第一,党组织关系全部接转,党员就近参加组织生活。自 2001 年开始,天津市启动国企退休党员接转组织关系,绝大部分已经完成。市委组织部全力做好剩余存量国企退休人员党员组织关系接转,将其纳入 2020 年全市组织工作要点和基层党建重点任务,推动建立各部委行业统筹、区委组织部区域抓总、企业党组织主体主责、街道社区对接服务责任落实机制。对重点人"一事一议"研究破解措施,督促企业党组织负责人、行业管理部门负责人亲自上门做通思想工作。按照正常转出、补齐档案、化解矛盾、保留组织关系、长期失联等 6 种情形分类推进,提前 3 个多月完成了市属、区属国企和驻津中央企业 3 万余名退休党员组织关系接转工作,党员编入社区党组织,就近参加组织生活。

第二,是档案移交工作超前完成,初步实现全市通查。针对企业前期档案整理工作基础薄弱等现实问题,本着"立足实际、容缺后补、加快进度"的考虑,制定了"简化要件和程序指引材料""管理服务协议范本",全力做好档案实物接收。上半年,提前完成了市属、区属企业档案交接。采取集体座谈、个别约谈、上门督办等多种方式,督促中央驻津企业加快工作进度,8月中旬全面完成档案移交工作。目前,全市共转移接收市属、区属和中央企业退休人员档案100余万册。充分利用信息化手段,试点推进档案电子化和档案信息全市通查。

第三,养老医疗系统上线运行,服务退休人员提质提效。立足"让数据多跑路、群众少跑腿",市人力资源和社会保障局、市医疗保障局优化服务流程、推动服务下沉,将养老、医疗两个保险支付系统延伸至街道(乡镇),确立200余个经办网点、明确单位负责人及一线经办人员,配齐配足硬件设备,为国企退休人员社会化管理后续服务提供了有力保障。推行"掌上办"服务模式,退休人员足不出户上传信息、查询结果,相关费用直接打入个人账户,省去往来奔波之苦。系统上线以来,累计办理退休人员异地就医登记1500余人次、个人垫付医药费报销700余人次,极大方便了退休人员生活。

第四,服务活动场所能交尽交,全力满足基层需求。为落实市领导挂念的"丰富国企退休人员社区生活,安度晚年"的大事,面对社区活动场地空间有限的现实,领导小组办公室印发《关于国企退休人员服务活动场所移交工作的有关意见》,动员国有企业以集团公司为单位,梳理退休人员活动场所以及坐落在街道社区内闲置可用的房产场地,向街道、社区移交,将其提升改造为退休人员服务和活动场所。通过召开企业座谈会,逐家动员国有企业提高政治站位,增强大局意识,主动提供;动员街道、社区提供线索信息,加强梳理排查。截至2020年底,全市16个区累计签约接收171处,总面积

20 余万平方米,为街道、社区发展老龄事业、做好为老服务拓展了空间。如北辰区铁东路街民宜里社区,利用国企提供的闲置厂房、场地,安装了体育活动设施,提升改建了老年配餐中心、社区文体活动室、健身小广场等,丰富了居民生活,得到百姓交口称赞。

（二）促进京津冀养老服务协同发展

京津冀协同发展是习近平总书记亲自谋划、亲自部署、亲自推动的一项国家战略。此项战略最早可追溯至 21 世纪初。2001 年,中国科学院院士、中国工程院院士胡良铺主持大北京规划,其后,"一省两市"围绕首都经济圈推进合作。2014 年 2 月 26 日,习近平总书记主持座谈会,听取京津冀工作汇报并发表重要讲话,强调要自觉打破"一亩三分地"的思维定式,抱成团朝着顶层设计的目标一起做。2014 年被称为京津冀协同发展元年。其后,这方面的工作加快推进。2015 年,《京津冀协同发展规划纲要》发布,指出推动京津冀协同发展是一个国家重大战略,核心是有序疏解北京非首都功能。2017 年,北京城市副中心开始建设。2019 年 1 月 11 日,北京市级行政中心正式迁入北京城市副中心。2017 年,中共中央、国务院决定设立雄安新区。2018 年《河北雄安新区总体规划(2018—2035 年)》获得国务院批复,雄安新区重点项目建设随后稳步推进。

2015 年 11 月,京津冀三地民政部签署《共同推动京津冀民政事业协同发展合作框架协议(2015—2020 年)》,决定三方通过做好社会保障、养老保险等方面政策制度对接,协同规划养老服务机构等措施,共同推动养老服务业融合发展。

2016 年 6 月,京津冀三地民政部共同签署《京津冀养老工作协同发展合作协议(2016—2020 年)》,致力于破解跨区域老年福利和养老服务方面的身份和户籍壁垒,让京津冀三地老人异地养老无障碍。

2017 年 12 月,北京市民政局、天津市民政局、河北省民政厅、内蒙古自治区民政厅联合印发《京津冀区域养老服务协同发展实施方案》,决定将河北省、天津市和内蒙古自治区赤峰市、乌兰察布市的养老服务机构全部纳入养老服务协同发展政策支持范围,同时鼓励将京津冀内蒙古其他地区通过购买服务、经验交流、品牌共享、标准共建、产业对接等方式,不断提高区域养老服务业发展水平;凡收住非本地户籍老年人的养老服务机构,属地民政部门要积极协调相关政府部门优先支持将该养老服务机构纳入国家异地就医结算系统,方便异地老年人入住医疗费用直接即时结算,不断增强协同发展区域内老年人的幸福感、获得感和安全感。

党的十八大以来,天津人力资源和社会保障局发挥人力社保职能,协助加快推进雄安新区社会保险制度体系建设。2018 年 9 月,天津市人力资源和社会保障局、河北雄安新区管理委员会签署《关于雄安新区社会保险制度体系建设合作框架协议》,双方将展开四大方面的合作:一是借鉴天津成熟经验,协助雄安新区建设基本养老保险、企业年金、职业年金、失地农民养老保险等各项保险制度,构建多层次的社会保险体系,形成与京津冀可衔接的社会保险制度。二是借助天津成熟模式,协助雄安新区建设社保经办、监督检查和信息管理体系,按照规范化、标准化、人性化的原则,协助构建职能优化、服务高效的社会保险经办管理体系,打造一整套行之有效的医保综合监管体系,建立线上线下相互融合、互相衔接的信息服务平台。三是依托天津基础数据库,协助雄安新区建设社会保险基础数据库,加强社保基础信息管理,共享专家信息,按需提供专家和人员支持。四是创建信息互通互认机制,全面推进政策制定、经办服务、监督管理、信息化建设等方面的协同合作和结果互认,保障雄安新区社会保障体系高效、有序建成。

（三）促进自主创业和灵活就业

党的十八大以来,党和国家非常重视就业困难人员的社会保障问题,颁行了多项政策措施,促进就业困难人员实现灵活就业。以天津市为例,2020年1月,天津市人社局关于印发《天津市就业困难人员认定办法(试行)》。决定自 2020 年 4 月 1 日起,对域内符合特定条件的十种登记失业人员认定为就业困难人员,通过发放养老保险在内的社保补贴形式促进就业困难人员实现灵活就业。

凡具有天津市户籍,在法定劳动年龄内,有劳动能力和就业意愿,经公共就业服务机构职业介绍实现就业困难的,且无农村承包土地的下列登记失业人员,可申请认定就业困难人员。

第一,"4050"人员:女年满 40 周岁、男年满 50 周岁,缴纳失业保险费满6 个月的人员。

第二,零就业家庭人员:在法定劳动年龄内,有劳动能力和就业意愿的家庭成员均处于失业状态,且家庭月人均收入低于天津市最低生活保障标准 2 倍的人员。家庭成员指父母、未婚子女及离婚、丧偶子女(本人无未婚子女的)。每个零就业家庭只限一人申请认定。

第三,长期失业者:最近一次办理失业登记后连续失业一年及以上、近一年内每季度至少接受一次公共就业服务,但仍未实现就业的人员。

第四,刑满释放人员:刑满释放后一直未就业的人员。

第五,低保家庭人员:享受最低生活保障待遇家庭中的人员。

第六,需赡养(抚养)患重大疾病直系亲属的人员:直系亲属患有严重的尿毒症、癌症、糖尿病并发症、肺心病、红斑狼疮、偏瘫、精神病、血友病、人体器脏移植后抗排异治疗的人员。申请人已婚的,其直系亲属是指其配偶及未婚子女;申请人未婚、离婚、丧偶的,其直系亲属是指其父母及未婚子女。同一个被赡养人,只能有一名直系亲属可申请认定为就业困难人员。

第七,单亲家庭人员:处于未婚、离婚、丧偶状态,需抚养未成年子女或全日制大学本科及以下在学子女的人员。

第八,残疾人:女年满40周岁,男年满50周岁,持有《中华人民共和国残疾人证》或者《中华人民共和国残疾军人证》的人员。

第九,复转军人中的就业困难人员:复员转业后一直未就业的人员。

第十,按照国家及天津市有关规定可以认定为就业困难的其他人员。

综合起来看,社保补贴发放形式包括两类。第一类,补贴给就业困难人员。一是鼓励自主创业。就业困难人员自主创业的,可优先享受免费创业培训、项目对接、创业指导、后续扶持等服务;可申请创业担保贷款,在规定的贷款额度、利率和贴息期限内给予全额贴息;首次创办企业的,按规定给予社保补贴和岗位补贴。零就业家庭人员、低保家庭人员和其他失业半年以上的就业困难人员从事个体经营的,可按规定享受税费减免。二是鼓励灵活就业。对就业困难人员从事个体经营或灵活就业的,给予最长3年三项社保补贴(养老、医疗、失业保险),其中,零就业家庭人员、单亲家庭人员、低保家庭人员、需赡养患重大疾病直系亲属人员,补贴标准为最低缴费标准的3/4,其他女年满40周岁、男年满50周岁的就业困难人员,补贴标准为最低缴费标准的1/2。对距法定退休年龄不足5年的可延长至退休。灵活就业保险补贴享受期满,符合享受最低生活保障条件,且需赡养患重大疾病直系亲属或单亲家庭人员的,可以重新认定就业困难人员继续申请享受社保补贴。第二类,给予企业社保补贴。一是鼓励企业吸纳就业。企业吸纳各类就业困难人员,按规定给予企业社保补贴和岗位补贴。二是遴选服务类岗位安置。各区在家政、养老、物业等行业遴选一定数量的社区服务型岗位,专门用于安置市场渠道难以就业的就业困难人员,按规定给予企业社保补贴、岗位补贴和遴选岗位补助。三是开发公益性岗位兜底安置。区建立排序机制,优先安置距离法定退休年龄不足 5 年的零就业家庭人员、单亲家庭人员、低保家庭人员、需赡养患重大疾病直系亲属人员,按规定给予用人单位 3 年社保补贴和岗位补贴,距法定退休年龄不足 5 年的,补贴期限可延长至退休。对补贴期满后,仍难以通过其他渠道实现就业的零就业家庭成员、重度残疾人等特殊困难人员,可再次通过公益性岗位予以累计不超过 2 次安置。

以上就业困难人员无论是通过自主创业和灵活就业获得社保补贴的,还是企业获得社保补贴安置就业的,参加的都是城镇职工养老保险,在达到法定退休年龄后,按照城镇职工养老保险享受保障待遇。

第四章
增加养老服务供给面临的难点

一、养老保险制度亟须完善

（一）基本养老保险供需矛盾突出

前文已述及,党的十八大以来,作为我国养老保障第一支柱的基本养老保险已取得了长足的进步,然而毋庸讳言,也存在着发展不平衡不充分的现象。

以 2019 年的数据来说,城镇职工基本养老保险方面有 10 个省市区出现了年度亏损,分别是辽宁亏损 463.6 亿元、黑龙江亏损 309.4 亿元、内蒙古亏损 140.5 亿元、吉林亏损 120.8 亿元、浙江亏损 98.5 亿元、山东亏损 88.0 亿元、江西亏损 36.7 亿元、青海亏损 22.8 亿元、四川亏损 9.3 亿元、甘肃亏损 0.8 亿元(详见表 4.1)。城乡居民养老保险,上海和浙江分别出现 1.0 亿元和 2.5 亿元的年度亏损。

表4.1 2019年度我国各地区城镇职工基本养老基金情况(不含港澳台地区的数据)

单位:亿元

地区	收入	支出	年度结余	累计结余	地区	收入	支出	年度结余	累计结余
北京	2760.6	1698.3	1062.3	6018.5	湖北	2418	2264.5	153.5	1017.1
天津	1021.2	1000.5	20.7	556.5	湖南	1676.5	1620.2	56.3	1836.7
河北	2437.4	2425.7	11.7	910	广东	5593.2	3761.5	1831.7	12343.6
山西	1232.5	1168.8	63.7	1639.8	广西	1128.7	1079.7	49	755.2
内蒙古	1060.9	1201.4	−140.5	595.9	海南	324.5	280.1	44.4	281.4
辽宁	2486.4	2950	−463.6	303.7	重庆	1238.3	1192.5	45.8	1090.1
吉林	1142.8	1263.6	−120.8	501.9	四川	2754.9	2764.2	−9.3	3759.5
黑龙江	1785.4	2094.8	−309.4	−433.7	贵州	725.6	613.5	112.1	894
上海	2933.7	2779.7	154	2290.3	云南	951.3	764.5	186.8	1325.2
江苏	3759.2	3382.3	376.9	4923.4	西藏	139.1	107.4	31.7	171.2
浙江	3040	3138.5	−98.5	3585.4	陕西	1254.1	1187.5	66.6	804.2
安徽	1514.6	1298.9	215.7	1909.7	甘肃	598.5	599.3	−0.8	467
福建	931.8	782.2	149.6	976.2	青海	300.5	323.3	−22.8	37
江西	1047.2	1083.9	−36.7	824.6	宁夏	269.1	266.8	2.3	261.5
山东	2784.7	2872.7	−88	2217.2	新疆	1137.1	1040.9	96.2	1307
河南	2053	1931	122	1326.3					

数据来源:《中国统计年鉴(2020)》

(二)险种发展不平衡

三支柱基本养老保险,第一支柱基本养老保险覆盖人群广,"一枝独大"特征明显;第二支柱企业年金发展缓慢,覆盖面相对较小;推动第三支柱养老保险建设迫在眉睫。2020年我国养老保险基金结余总额约为80577亿元,其中,第一支柱(城镇职工养老保险和城乡居民养老保险)结余58076亿元,占比为72.08%,第二支柱(企业年金)结余22497亿元,占比为21.92%,第三支柱(补充养老保险)结余4亿元,占比可以忽略不计。统计数据显示,我国劳动年龄人口自 2014 年起连续 6 年下降,意味着制度内养老金缴费人数呈现不断减少趋势。第二支柱目前主要集中于中央和地方国有企业,民营企业建立企业年金动力普遍不足。职业年金自 2015 年开始建立,相关制度尚需进一步完善。第三支柱试点地区只有三个地区,税收支持政策力度不强,公众参与积极性严重不足。

二、养老事业发展不充分

(一)投资方式不当导致养老金不断缩水

1. 养老金投资过分关注安全性

近些年来,各级党委和政府非常重视做大养老金,但由于过分关注养老金投资的安全性,我国养老基金投资被局限在银行存款和购买国债上。如此投资结构在一定程度上限制了盈利能力。中国社科院世界社会保障中心主任郑秉文以 CPI 作为基准做过测算,称养老金在过去 20 年贬值将近千亿元。2000 年至 2014 年,我国县级政府管理的基本养老金的年平均投资收益率为 2.32%,CPI 年均复合增长率却高达 4.8%,养老金面临着较大的保值增值的压力。[①] 养老金入市从理论上讲可以缓解这一尴尬,但我国股市尚不成熟和高波动性决定了养老金入市缺少制度性条件。2015 年 8 月,国务院印发《基本养老保险基金投资管理办法》,明确规定,养老基金实行中央集中

---

① 李玉娇. 中国养老金入市:是政策理性还是利益博弈? ——从"委托—代理"视角探析养老金入市风险及管控机制[J]. 当代经济管理,2016(05).

运营、市场化投资运作,由省级政府将各地可投资的养老基金归集到省级社会保障专户,统一委托给国务院授权的养老基金管理机构进行投资运营。2016年,全国社会保障基金理事会在全国遴选了21家养老金管理机构,为养老金入市做好准备工作。截至2021年4月,基本养老保险基金最新委托投资合同规模1.25万亿元,到账1.07万亿元。根据《基本养老保险基金投资管理办法》"投资股票、股票基金、混合基金、股票型养老金产品的比例,合计不得高于养老基金资产净值的30%"规定,截至2020年底,我国城镇职工基本养老保险和城乡居民基本养老保险累计总共结余6万亿元①,尚有一定的投资空间。

2. 企业年金投资尚需进一步规范

2004年1月,劳动和社会保障部发布《企业年金试行办法》,规定企业年金基金可以按照国家规定投资运营,但没有明确投资比例。2011年2月,人力资源和社会保障部等部门联合发布《企业年金基金管理办法》,用以规范企业年金基金的受托管理、账户管理、托管、投资管理以及监督管理,规定投资股票等权益类产品以及股票基金、混合基金、投资连结保险产品(股票投资比例高于或者等于30%)的比例,不得高于投资组合企业年金基金财产净值的30%。

从我国企业年金投资实践来看,2007年加权平均收益率达到41%,很显然与当年大牛市有关。其后,组合数和运作资产持续扩大。详见表4.2。

---

① 其中,城镇职工基本养老保险累计结余48317亿元,城乡居民基本养老保险累计结余9759亿元,合计为58076亿元。

表4.2　2007—2020年我国企业年金投资收益情况一览表

单位:个、亿元、%

年份	投资组合	运作资产	加权平均收益率	年份	投资组合	运作资产	加权平均收益率
2007	212	154.63	41.00	2014	2740	7402.86	9.30
2008	588	974.90	-1.83	2015	2993	9260.30	9.88
2009	1049	1591.02	7.78	2016	3207	10756.22	3.03
2010	1504	2452.98	3.41	2017	3568	12537.57	5.00
2011	1882	3325.48	-0.78	2018	3929	14502.21	3.01
2012	2210	4451.62	5.68	2019	4327	17689.96	8.30
2013	2519	5783.60	3.67	2020	4633	22149.57	10.31

数据来源:全国企业年金基金业务数据摘要

(二)财税支持政策亟须更新

以企业年金为例,我国企业年金的覆盖范围相对较小,应将更多的精力和财力放在数量众多的中小企业。近年来不少中小企业也建立了企业年金计划,但由于年金规模相当小,而交易席位和审计费用固定成本过高,导致中小企业难以建立年金理事会。2011年施行的《企业年金基金监督管理办法》中加入了"集合计划"条款,为中小企业加入企业年金创造了条件,对中小企业建立企业年金计划起到了促进作用,但从实际运行效果来看,降低门槛和放宽投资限制并非吸引中小企业积极参与年金计划的根本措施。从根本上调动中小企业及其职工参与企业年金计划,需要出台更为有力的税收优惠政策。其一,允许中小企业按照工资总额的更高比例,甚至全额在企业所得税税前扣除。在结构性减税的今天,我们有必要在财政上为中小企业减负。我国四十多年改革开放取得的巨大成就使公共财政具备了这个能

159

力。其二,允许职工加入年金计划时个人缴费部分在个人所得税前扣除。2008 年 6 月天津滨海新区对此进行了有益尝试,将扣除比例调至 8% 和 30%,但两个月后即被紧急叫停。其后,天津出台了三项财税优惠政策,在一定程度上提升了在津从事补充养老保险业务的保险公司的积极性。天津此举为推广税递延型养老保险试点工作提供了有益参考。

在国际上,企业年金根据资金筹集和运作模式来划分可以分为缴费确定型(DC 计划)和待遇确定型(DB 计划)两种类型。前者是通过建立个人账户的方式,由企业和职工定期按一定比例缴纳保险费,职工退休时的企业年金水平取决于资金积累规模及其投资收益;后者是指缴费并不确定,无论缴费多少,雇员退休时的待遇是确定的。我国目前实行的是 DC 计划,职工退休时获得的年金水平取决于职工个人账户资金积累规模与缴费期间的投资收益之和。我国目前实行的是缴费确定型(DC 计划),职工退休时获得的年金水平取决于职工个人账户资金积累规模与缴费期间的投资收益之和。正因为如此,企业年金投资获利水平对于职工最终获得的退休金多寡起着决定性的作用。

为了做大做强企业年金,提升参与企业年金的职工退休保障水平,需要做好企业年金投资工作。为了保证企业年金投资的安全性,需建立健全企业年金投资监管制度,为此要选择适当的监管模式。世界各国针对企业年金投资的监管,存在着"审慎人"和定量监管规则两种模式。前者以美国为代表,对企业年金投资品种及比例没有定量监管,但要求投资管理人构造一个最有利于分散和规避风险的资产组合。后者以德国为代表,对企业年金投资的资产类别、投资比例等进行直接的定量监管。

我国目前采用的主要是定量监管模式,但随着我国资本的完善,逐步放宽投资限制,顺应经济发展和国际形势,应构建专业性基础上的稽核监管模式,即在"审慎人"规则的基础上,融入定量资产限制规定,并逐步实现真正的审慎人监管规则。

（三）养老补贴政策亟待完善

1. 养老补贴范围相对狭窄

以天津市为例,各级财政补贴居家养老的对象仅限于80岁以上独生子女父母、市级劳动模范、失能老人和空巢老人且家庭人均收入低于最低工资标准的人群。这些人员的确是居家养老的弱势群体,但在低收入老人中的比重相对较小。一些处于政策边缘区域的老人无法享受财政补贴,难以应付居家养老的各项开支。目前,我国农村养老补贴仅限于解决少数"五保"老人的养老问题,存在整体保障水平偏低、激励机制不足、服务范围狭窄等问题。[1]

2. 养老补贴的便携性亟须提高

以上海为例,各级财政对经济困难的老年人应当支付的老年照护统一需求评估费用和长护险服务费用中的个人负担部分予以补贴,但如果老人选择异地养老,这些补贴就无法享受。实际上,在网络支付如此发达的今天,养老补贴"跟人走"在技术上不存在障碍,但需要建立信息对接机制,探索不同区域养老补贴标准的互通互认,包括需求评估、设施名称、服务标准、信息共享等,为养老补贴异地通关提供制度保证。[2] 经过几年的努力,京津冀地区在全国率先实现补贴跟着老人走,老年人可以自主购买京津冀三地养老服务,[3]这些经验值得向全国推广。

---

① 李俏,李久维.回归自主与放权社会:中国农村养老治理实践[J].中国农业大学学报(社会科学版),2016(03).

② 王海燕.异地养老如何解后顾之忧,养老补贴应"跟人走"[J].决策探索,2020(10).

③ 丰家卫.津籍老人京冀养老补贴跟着走[N].北京日报,2018 - 03 - 16.

（四）养老护工队伍短缺

前文已述及,国家卫生健康委、教育部、民政部等中央部委采取了灵活多样的措施加强养老服务人员培养,已取得了明显的成效,但这是一个长期的工程。《中国民政统计年鉴》对全国养老服务机构的从业人员构成进行了翔实统计(详见表4.3)。

从表4.3可以看出,我国养老服务机构从业人员机构呈现以下特征。一是养老服务队伍逐年扩大。2019年养老服务职工总数相对于2016年增长了33.41%,显示党和政府着力增加养老公共服务供给,努力提升养老服务机构提供的养护服务供给总量。二是养老服务机构从业人员受教育程度相对较低。大专及以上职工占比长期维持在20%至30%,助理社会工作师和社会工作师占比不到3%。以上海市为例,护理人员受教育程度偏低,资格证书持证率较低,影响了整个养老行业的服务质量,也影响着养老事业的发展。[①] 三是养老服务机构从业人员年龄偏大。46岁至55岁的职工平均占比为32.43%,56岁以上的职工平均占比为10.16%,影响养老服务队伍的稳定。

表4.3　全国养老服务机构职工结构

单位:人、%

类　型	2016		2017		2018		2019	
	人　数	占　比	人　数	占　比	人　数	占　比	人　数	占　比
养老服务机构职工	338793	100	1368946	100	375857	100	451979	100
大专(以下)	57173	16.88	61071	16.55	58205	15.49	70439	15.58

---

① 顾中恒.上海市养老机构护理人员职业发展困境的原因分析[J].护理研究,2020(23).

续表

类 型	2016		2017		2018		2019	
	人数	占比	人数	占比	人数	占比	人数	占比
大本及以上	34793	10.27	38316	10.39	29829	7.94	36968	8.18
助理社会工作师	5191	1.53	5655	1.53	5928	1.58	7314	1.62
社会工作师	3969	1.17	4622	1.25	4205	1.12	5916	1.31
35 岁及以下	82955	24.49	86782	23.52	83931	22.33	97663	21.61
35 至 45 岁	125675	37.09	130255	35.30	125966	33.51	143662	31.79
46 至 55 岁	103061	30.42	117777	31.92	125344	33.35	153872	34.04
56 岁及以上	27102	8.00	34132	9.25	40626	10.81	56782	12.56

数据来源:中国民政统计年鉴

我国养老服务机构从业人员性别结构不合理。以山东省为例,男性老年护理人员的比例仅占5.05%,主要从事管理岗位的工作,在一线护理岗位上几乎没有男性护理人员。[1]

以天津市为例,目前天津居家养老服务的参与人员主要是居委会工作人员和志愿者。居委会工作人员在繁忙工作之余,为本社区内居家养老的老人提供服务,时间和精力得不到保证;而由具有奉献精神的机关企事业人员、党员、低龄五老人员(老干部、老战士、老专家、老教师、老模范)等组成的志愿者队伍,作为"义工"向老人提供助养服务,很显然没有制度的保证。不少日间照料服务中心和服务站都反映专业护工招聘难度大,收入低和又脏又累的工作性质,很难招聘到高素质的专业护理人员。部分社区日间照料中心人手不足,而医疗、心理疏导方面的人才更是紧缺。

---

[1] 李晓晖. 养老护理人员胜任素质指标体系构建与应用——基于396名养老护理人员的调查[J]. 中国流通经济,2021(03).

三、社区居家养老服务需要进一步做实

（一）问卷调查与分析

为了深入了解社区居民的养老需求,我们组建了课题组,专门设计了调查问卷对居民进行调查。调查问卷发放形式分成两种,针对使用智能手机的用户,利用手机获取调查信息;而针对不使用智能手机的用户,采用纸质问卷形式获取调查信息。本次发放问卷1395份,收回有效问卷1368份,其中手机问卷1212份,纸质问卷156份。调查分析结果如下:

1. 您的性别是:［单选题］

选 项	小 计	比 例	
男	661		48.32%
女	707		51.68%
本题有效填写人次	1368	100%	

本次采集的信息,女性超过男性一定比例。国家统计局公布数据显示,2019年我国公民平均寿命为77.3岁,女性平均寿命超过男性,所以,女性对于养老问题特别关注。

2. 您的年龄是:［单选题］

选 项	小 计	比 例	
小于20岁	0		0%
20～59岁	1034		75.58%
60～65岁	117		8.55%

65 岁以上	217		15.87%
本题有效填写人次	1368	100%	

　　从反馈结果可以看出,本次被调查对象未涉及小于 20 岁的人群;20 - 59岁人群占绝大部分,这一部分人群虽然尚未涉及养老问题,但家中有老人,必然对养老问题有所接触,此次问卷的填写,也有助于他们针对养老问题进行深入思考;60 岁以上人群占比超过 24%,这部分人群正在度过老年时光,对各种养老服务有着切身要求。

　　3.您的婚姻状况:[单选题]

选 项	小 计	比 例	
未婚	122		8.92%
已婚	1130		82.60%
离婚	71		5.19%
丧偶	45		3.29%
本题有效填写人次	1368	100%	

　　从反馈结果可以看出,离婚和丧偶占比超过 8%,这部分人群面临的生活压力较大,应成为特殊关照对象。

　　4.您的文化程度:[单选题]

选 项	小 计	比 例	
小学	4		0.29%
初中	67		4.90%
高中	145		10.60%
大学	624		45.61%
大学以上	517		37.79%
其他	11		0.81%
本题有效填写人次	1368	100%	

从反馈结果可以看出,接受高中教育及以下人群占比超过 15% ,这部分人群由于所受教育较少,职业选择范围较窄,收入相对较低,必然影响其养老服务支付能力。

5. 您的身体状况:[单选题]

选　项	小　计	比　例	
能够自理	1275		93.20%
部分自理	89		6.51%
不能自理	4		0.29%
本题有效填写人次	1368	100%	

从反馈结果可以看出,部分自理和不能自理超过 6% ,这部分人群是各级政府提供养老公共服务的重点。

6. 您参加过哪种养老保险?[单选题]

选　项	小　计	比　例	
机关事业单位养老保险	665		48.61%
城镇职工养老保险	654		47.81%
城乡居民养老保险	22		1.61%
新型农村养老保险	4		0.29%
没有参加	23		1.68%
本题有效填写人次	1368	100%	

从反馈结果可以看出,机关事业单位养老保险、城镇职工养老保险所占比例超过 96% ,随着近些年基础养老金的提高,这部分人群的养老保障相对以往有了较大程度的提高;但是城乡居民养老保险和新型农村养老保险的保障水平相对较低,虽然,2014 年包括天津市在内的全国各省区市将新型农村养老保险"上调"至城乡居民养老保险,但与机关事业单位人员和城镇职工的保障水平还有较大的距离,而在天津居住的过去参加新型农村养老保

险的外地人口的保障水平就更低了;不论出于什么原因,1.68%没有参加养老保险的人,应成为各级政府提供公共养老公共服务特殊照顾的对象。

7.您参加过哪种补充养老保险?〔单选题〕

选 项	小 计	比 例	
职业年金	335		24.49%
企业年金	431		31.50%
没有参加	602		44.01%
本题有效填写人次	1368	100%	

从反馈结果可以看出,24.49%的被调查对象享受职业年金,31.50%的被调查对象享受企业年金,职业年金是机关事业单位强制缴纳的,而企业年金并非强制缴纳,两种年金都有助于相关员工退休后享受较高的保障水平;有超过44%的被调查对象没有参加以上两种年金,只能在退休后享受基本养老公共服务,保障水平相对较低。

8.您购买过商业养老保险吗?〔单选题〕

选 项	小 计	比 例	
是	294		21.49%
否	1074		78.51%
本题有效填写人次	1368	100%	

从反馈结果可以看出,只有21.49%的被调查对象购买过商业养老保险,而78.51%的被调查对象则没有购买。其原因是多方面的,或许是资金紧张的原因,或许是对现行商业养老保险缺乏信心,或许是保险公司宣传不到位等等,但无论哪一种原因,其结果都是没有参保的人员无法在基本养老保险之外获得附加保障服务。

9. 您与子女的关系？［单选题］

选 项	小 计	比 例	
非常好	844		61.70%
很好	219		16.01%
一般	74		5.41%
较不好	8		0.58%
非常不好	0		0%
没有子女	223		16.30%
本题有效填写人次	1368		100%

从反馈结果可以看出，与子女关系保持非常好和良好关系的占比超过77%，而一般和较不好的占比近6%。"家丑不可外扬"传统教育，使得为人父母者除不得已的情况下，不愿意承认自己与子女的关系不好，所以，6%左右的被调查对象与子女关系不是很好，使得其居家养老和社区养老过程中，享受的子女支持较为有限。16.30%的被调查对象没有子女，可以分为两种情况，一是尚未生育子女，二是没有子女或子女离世。各级政府提供养老公共服务时，要特别关注失独家庭。

10. 您家中有几位60岁以上老人？［单选题］

选 项	小 计	比 例	
1 位	312		22.81%
2 位	431		31.51%
3 位	212		15.50%
4 位	338		24.71%
4 位以上	71		5.20%
0 位	4		0.29%
本题有效填写人次	1368		100%

从反馈结果可以看出，99.71%的被调查对象家中都有60岁以上老人，

这个数据说明,养老是大家面临的共同难题,而养老负担会随着老人数的增加而增加。各级政府在提供养老公共服务时,应特别关注家中有两位以上老人的家庭。

11. 养老费用约占您家庭支出的多大比重?〔单选题〕

选　项	小　计	比　例	
小于15%	632		46.20%
15%~25%	435		31.79%
25%~35%	152		11.11%
35%以上	149		10.90%
本题有效填写人次	1368	100%	

从反馈结果可以看出,53.80%的家庭用于养老费用的支出比重超过15%。各级政府在提供养老公共服务时,需要特别关注养老费用负担占比超过35%的家庭。

12. 您或家人养老的经济来源是:〔多选题〕

选　项	小　计	比　例	
退休金	1132		82.75%
子女赡养费	141		10.31%
政府或社会资助	26		1.90%
养老保险	37		2.70%
其他	32		2.34%
本题有效填写人次	1368	100%	

从反馈结果可以看出,大多数家庭的养老费用来源是退休金。因此,提升基础养老金支付水平可以有效改善现阶段养老生活质量。

13. 您或家人更倾向于哪一种养老模式？［单选题］

选 项	小 计	比 例
居家养老(子女、家人照顾)	762	55.70%
社区居家养老	312	22.80%
机构养老(敬老院、福利院等)	119	8.70%
自我养老	175	12.80%
本题有效填写人次	1368	100%

从反馈结果可以看出,愿意选择居家养老、社区养老和机构养老的被调查对象占比分别为 55.70%、22.80% 和 8.70%,这与天津市现在致力构建的"9073"(即 90%、7% 和 3%)养老体系相差较远。因此,相关部门应通过增加养老公共服务供给、提升供给质量等手段,满足天津市老人美好生活需要。

14. 若选择养老机构进行养老,您可以接受的费用标准为每月？［单选题］

选 项	小 计	比 例
500 元及以下	56	4.09%
500 ~ 1000 元	182	13.31%
1000 ~ 3000 元	729	53.29%
3000 ~ 5000 元	364	26.61%
5000 ~ 10000 元	34	2.48%
10000 元以上	3	0.22%
本题有效填写人次	1368	100%

从反馈结果可以看出,超过 17% 的被调查对象选择每月 1000 元以下的养老机构,中位数则是选择费用 1000 ~ 3000 元,选择 5000 元以上的不到 3%。这种分布与天津市老人退休收入相对较低有关,这也从侧面提示相关部门应采取行之有效的措施提升居家养老和社区养老公共服务。

15. 您认为社区居家养老存在什么问题？［多选题］

选 项	小 计	比 例
服务覆盖面不广	855	62.50%
服务资源不足	989	72.28%
服务内容单一	703	51.36%
医疗保障匮乏，医疗费用高	821	60.05%
老年人精神得不到寄托	665	48.64%
专业人员和志愿者缺乏	881	64.40%
其他	93	6.79%
本题有效填写人次	1368	100%

从反馈结果可以看出，超过60%以上的被调查对象认为，现行居家养老服务存在服务资源不足、专业人员和志愿者缺乏、服务覆盖面不广、医疗保障匮乏，医疗费用过高问题；超过50%的被调查对象认为服务内容单一，超过48%的调查对象认为老年人精神得不到寄托。很显然，这些方面是现行居家养老服务发展不充分的方面，也是今后改进工作的努力方向。

16. 您认为该怎样改善社区居家养老存在的问题？［多选题］

选 项	小 计	比 例
加大财政资金投入	1030	75.27%
建立专业人员与志愿者相结合的居家养老服务队伍	974	71.20%
提供多样化的居家养老服务	1026	75.00%
改善医疗保障体系，简化医疗程序	1019	74.46%
加强无障碍设施建设	599	43.75%
配建数字化养老服务设施	673	49.18%
其他	115	8.42%
本题有效填写人次	1368	100%

从反馈结果可以看出,超过70%的被调查对象呼吁加大财政资金投入;提供多样化的居家养老服务;改善医疗保障体系,简化医疗程序;建立专业人员与志愿者相结合的居家养老服务队伍。超过40%的调查对象希望配建数字化养老服务设施,加强无障碍设施建设。这些需求为提升居家养老服务质量提供了路径选择。

17. 您希望得到什么样的居家养老服务?[多选题]

选项	小计	比例	
家政服务	1086		79.35%
送餐服务	877		64.13%
康复	617		45.11%
健身娱乐	665		48.64%
医疗保障	1097		80.16%
聊天	286		20.92%
其他	100		7.34%
本题有效填写人次	1368	100%	

从反馈结果可以看出,被调查对象需要得到的居家养老公共服务集中在医疗保障、家政服务、送餐服务、健身娱乐和康复等方面,这也为各级政府完善居家养老服务指明了方向。

18. 老龄产业一直被誉为朝阳产业,您是否愿意投资养老产业?[单选题]

选项	小计	比例	
愿意,市场潜力很大	528		38.60%
愿意,政府支持力度强劲	212		15.50%
不愿意,政府支持政策尚需完善	275		20.10%
不愿意,风险较大	78		5.70%

不愿意,资金规模有限	275	20.10%
本题有效填写人次	1368	100%

从反馈结果可以看出,只有54%左右的被调查对象愿意投资老龄产业。这说明,虽然老龄产业被誉为朝阳产业,但政府的支持政策、行业风险和资金规模有限,导致行业投资热情总体不高。

19.您或家人是否赞同延迟退休年龄?〔单选题〕

选　项	小　计	比　例
是	208	15.20%
否	1160	84.80%
本题有效填写人次	1368	100%

从反馈结果可以看出,超过84%以上人群不赞成延迟退休。虽然原因是多方面的,但这也提示我们,该政策的实施不宜搞"一刀切"的形式。

20.若将来以房养老模式运营成熟,您会选择该种养老模式吗?〔单选题〕

选　项	小　计	比　例
会	320	23.40%
会,如果有房子的话	320	23.40%
不会,没有房子	97	7.09%
有无房子都不会	453	33.10%
不知道	178	13.01%
本题有效填写人次	1368	100%

从反馈结果可以看出,赞成以房养老模式的被调查对象不到47%。这说明,这一养老模式短期内不宜广泛推广。

21.社区招募养老服务志愿者,您是否愿意参加? [单选题]

选 项	小计	比 例	
是	906		66.23%
否	462		33.77%
本题有效填写人次	1368	100%	

从反馈结果可以看出,超过 66% 的被调查对象愿意担任养老服务志愿者,这是完善社区居家养老服务可以倚重的力量。

(二)社区养老服务供给障碍性因素

如上所述,虽然"十二五"以来,我国社区居家养老取得了明显的工作成效,但面对老人多样化的养老需求,相关工作需要进一步推进。课题组通过对 GJL 社区进行翔实调研,梳理出提升社区居家养老服务还面临着诸多障碍性因素。

第一,资金紧张。其一,投入资金规模不大。有限的资金较大部分用于机构养老,真正用于社区养老和居家养老的资金就少得可怜了。这些资金面对社区数量众多的老人,自然陷入"僧多粥少"的境地。其二,资金分散。目前,我国用于养老的资金分散在老干部局、民政局、人力资源和社会保障局、医疗卫生部门、老龄委、妇联、残联等众多机构,"多龙治水"局面必然丧失资金使用效率,最终损失老人享受的基本公共服务质量。

第二,基础设施亟待改造。其一,室外活动场地受限。目前,GJL 社区下辖的三个小区中仅有一个小区有室外活动场地,大约 500 平方米,建有长椅等供老人活动的设施,但实地调研过程中发现,缺乏长廊等避雨设施;部分小区没有室外活动广场。其二,室内活动场地紧张。社区党群活动中心办公大楼有近 1000 平方米的使用面积,集居民综合服务中心、党委、工会、妇联、会议室等多种功能于一身,设在二楼的居家养老中心只有近200平方米的地方,磁疗室、理疗仪保健点等占去了较大空间,供老人室内活动的场所就十分狭小了。其三,社区无障碍设施普遍缺乏。除了两栋高层设有电梯外,其他六七层的楼房均没有电梯,可以想见,一些行动不便的老人上下楼何等辛苦;由于社区的楼房大都是2000年前建的旧小区,缺乏盲道、走道扶手等无障碍设施。其四,旧小区亟待改造提升。社区大部分场地破旧,井盖外露,道路破损,坑洼不平,不方便老人行走。

第三,医养结合亟待加强。医养结合是提升养老服务质量的关键。GJL社区对应的社区医院是一级诊疗机构。调研中发现,医疗机构与社区养老、居家养老不能很好地结合。表现在四个方面。其一,药品政策尚不能适应实际需求,社区医院的537种基本药品目录不能满足住院老人们的需要,外购药品的安全性也存在风险。其二,医疗机构得不到政府在养老床位和运营补贴等方面的政策支持,降低了医疗机构提供养老护理服务的积极性。其三,养老市场护理人员一直存在较大的缺口,精神慰藉方面的专业护理人员几乎空白。其四,基层机构医疗设备投入不足,大部分社区卫生服务中心只能开展一般门诊服务和公共卫生服务,难以深入开展居家养老服务,不能满足罹患慢性病的老年人的康复疗养需求。

第四,人手不足、技能欠缺。其一,人手不足,工作压力大。社区党群服务中心现有九名工作人员,虽然将居家养老放诸重要位置上,但创文、创卫及日常行政管理工作占据了大部分的精力。在这种境况下,将较大精力投入到社区养老和居家养老客观上已经非常困难了。在实际调研过程中,工作人员普遍反映,工作压力非常大。其二,缺乏专业技能。党群服务中心现有工作人员大都缺乏养老护理专业技能,在多数情况下,只能表现出心有余而力不足。

第五,配套设施不健全。完善的社区养老服务需要较为完整的配套设施,包括健身设施、医疗保健设施、呼叫设施、走廊楼梯两边全扶手设施、无障碍通道设施、营养餐饮设施、室外活动设施、室内活动设施、电梯设施、水暖设施、供电设施、养老人员房间、特护房间、护理人员值班台、特护房间的吸氧设备、消毒设施和特护设施等。目前,社区缺乏以上大部分设施,自然影响社区养老和居家养老服务质量。

GJL 社区养老虽是个案,但也具有一定的代表性,反映出增加社区养老服务供给任务之艰巨。

第五章
深化改革构建增加养老服务供给的支撑体系

中国特色社会主义进入新时代,我国建立起了全世界规模最大的社会保障体系,基本医疗保险覆盖超过 13 亿人,基本养老保险覆盖近 10 亿人。然而,我国养老体系总体说来还处于广覆盖、保障程度相对较低的阶段。养老事业发展存在不平衡不充分的现象,是我国现实国情。解决问题需要靠科学发展,靠高质量发展,因为发展是解决一切问题的基础和关键。我国养老事业高质量发展需要推进"三位一体"的改革,即同时推进金融体制、财税体制和行政管理体制改革,为增加养老服务供给构建强大的支撑体系。

一、深化金融体制改革,为增加养老服务 供给提供持续资金保障

(一)发展养老金融,做大养老金规模

1. 酝酿成立中国养老金银行

针对我国养老基金投资于商业银行导致不断缩水的现状,建议国务院

成立政策性银行——国家养老金银行。国家养老金银行的功能是在养老保险领域内,直接或间接地从事基本养老金的政策性融资活动。中国养老金银行选择直线职能制的组织结构形式,详见图5.1。总行行长对国务院负责,上级行对下级行实行垂直管理,下级分支机构对上级负责。

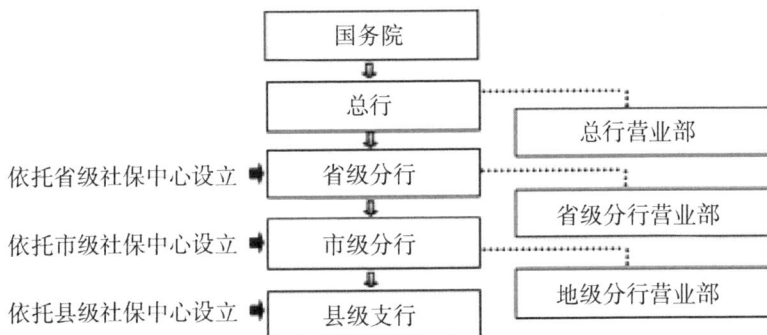

图 5.1　中国养老金银行组织结构

中国养老金银行的设立,在促进基本养老金做大做强方面具有重要的现实意义。其一,便于网络化管理。"养行"由中央政府设立总行,依托各省、县、乡社保中心设立分行、支行和储蓄所。凭借总行、分行、支行及储蓄所形成覆盖全国的经营网点,实施网络管理,方便养老金客户就地支付和领取,降低管理成本和交易成本。其二,易于产生规模经济效应。以已积累的养老金作为注册资本,再加上财政注入的资金,必然产生极大的资本规模,规模经济效应才能得以显现。其三,有利于强化养老金投资运营监督管理。将成熟的银行管理制度用于养老金运营的监督和管理,有助于提高管理效率,减少跑冒滴漏现象。其四,有利于资本收益率显著提高。通过总行与央行之间的再贷款与再贴现等业务,获取较高回报率,远高于银行定期存款和国债利率,加之产业及实业投资,必然能迅速增大养老金规模。其五,为社会保障银行的创立进行有益探索。养老金银行"先行先试",在此基础上建立社保银行,能有效应对目前流动农民工"退保潮"现象。

2.运营好国民养老保险公司

2022年3月22日,国民养老保险公司在北京成立,这是我国养老金融的一个重大事件。国民养老保险公司注册资本111.5亿元人民币,发起机构包括11家银行,2家券商,1家险企,3家国资背景的资本机构,有利于发挥银行、保险和资本的自身优势,做强做大养老基金规模。国民养老保险公司相对于一般商业养老保险公司,其经营范围有两个特殊之处。一是商业养老计划管理业务,包括国家老龄委权威定义的老龄金融、老龄用品、老龄服务业和老龄房地产,其中与养老有关的服务包括生活服务、健康管理与促进、康复护理、医疗服务、精神文化、商务服务、临终关怀、殡葬服务等八个覆盖全生命周期的各类涉老业务的计划管理。二是受托管理委托人委托的以养老保障为目的的人民币、外币资金业务,是指将第三支柱储蓄养老金的人民币、外币存款,变为"长钱"和可投资资金,转化为长期资本,促进直接融资,服务实体经济,战胜通货膨胀,实现保值增值和积累期增长。

在此之前,我国已经有人保养老、国寿养老、太平养老、长江养老、泰康养老、平安养老、新华养老、大家养老、恒安标准养老九家专业保险公司,国民养老保险公司的设立,在于组建养老保险的"国家队",主旨在于做大第三支柱基金规模,满足人民群众多样化的养老服务需求。百亿元的注册资本超过了目前九家养老保险公司的任何一家,而其业务范围的特色也会形成强大的竞争压力,从而带动国内寿险公司创新寿险业务,增加养老服务供给,推动我国养老金融高质量发展。

（二）恰当运用衍生工具，提高基金运营收益

建议依托全国社会保障基金理事会等机构通过股市和债市提升养老金

投资收益率。截至 2017 年底,全国社会保障基金已由设立之初的 200 亿元发展到 22231.24 亿元,成立以来累计投资收益达到 8227.31 亿元,年均投资收益率 8.37%,远超同期通货膨胀率。经过十多年的投资实践,全国社会保障基金理事会秉承价值投资理念,已经积累了非常丰富的经验,广东和山东的委托投资良好投资收益也证明了理事会养老金投资的能力。更多的省市应借助理事会这一平台,在做实个人账户的基础上,委托理事会稳妥地运用股市、债券等资本工具提高养老金运营收益,避免养老金逐步缩水的悲剧。

(三)创新投资渠道,提高投资收益

在审慎的投资理念下创新投资渠道是实现养老基金保值增值的关键招数。建议借鉴国外的成功经验,扩大养老基金的实体投资渠道。一是基础设施,利用其长期稳定的收益实现投资价值;二是房地产类资产,包括写字楼、工业厂房、酒店等,通过租金回报和资产增值实现投资收益;三是高新技术产业,包括软件、生物技术、工业能源、医疗设备、IT 服务等,借助高新技术产业的高回报率实现投资价值;四是绿色投资,包括再生能源、清洁技术和能源项目,实现养老金投资的长期稳定收益。

二、深化财税体制改革，为增加养老服务供给提供强劲动力保障

（一）科学划分养老具体事权，完善政府共同分担机制

为民众提供优质高效的养老公共服务是各级政府应尽之责,然而各级政府在公共服务中究竟承担哪些事权,一直是操作层面的难题。如果居家养老、社区养老和机构养老都需要财政扶持,将基本养老事权全部交给中央财政,必然造成中央财政巨大的支付压力。因此,基本养老只能是中央政府和地方政府的共同事权。

在事权的划分上,建议中央政府负责推动养老金全国统筹,做大全国社会保障基金规模,扎实推进划转中央企业国有资本充实养老基金,加大中央财政对地方的养老公共服务转移支付;省、市、县级政府加快划转地方国有企业资本充实养老金,加大城市养老服务体系建设投入,推进服务人员队伍建设;乡镇政府负责加大农村养老公共服务体系建设投入,实施养老扶贫结合计划。

（二）深化财税体制改革，完善养老服务支持机制

1.完善企业所得税和个人所得税制度

企业年金是我国基本养老保险的重要组成部分,然而,截至 2020 年底,我国参加企业年金的职工只有 2718 万人,相当于当年参加城镇职工基本养

老保险的 44376 万人的 6.12%,累计企业年金总额只有 22497 亿元,在当年国内生产总值 101.36 万亿元的占比为 2.22%。学界的普遍观点是通过税收优惠政策的制定促进企业参与企业年金的积极性。建议企业年金由企业缴纳的部分税前列支减免企业所得税,个人缴纳的部分免缴个人所得税,这样必然会促进免税额度的企业年金大幅增长。

2. 积极探索个人所得税递延型养老保险

所谓个人所得税递延型养老保险,是指个人收入中用于购买商业补充养老保险部分,其应缴个人所得税可延期至将来提取养老保险金时再缴纳。个人所得税递延降低了参保人的现实纳税义务,有利于激发参保的积极性。我国的税延型企业年金政策的出台可谓一波三折,天津等省市曾经试水这项政策而被叫停。随着《关于企业年金、职业年金个人所得税有关问题的通知》《企业年金办法》的陆续出台,政策终于落地,但市场反响不一,应声而动的是国有企业,特别是中央企业,民营企业却反应平平,因为民企职工没有机会缴纳补充养老保险,自然享受不到改革的红利。2018 年,财政部、国家税务总局等部门选择上海市、福建省和苏州工业园区三地实施税延型养老保险试点,试点有效期为一年。但至 2020 年末,只有 19 家保险公司出单,仅有 4.9 万人参保,累计保费收入约 4.3 亿元。据悉,2020 年末我国各类保险机构共计 238 家,①原保险保费收入 4.53 万亿元。参与税延型养老保险试点的保险公司数量和保费收入分别占市场总额的 7.98% 和 0.01%,可以说是尚有非常大的发展空间。今后,相关部门应总结个人所得税递延型养老保险试点的经验,进一步探索激励员工做大养老金的切实可行的做法,在一定程度上缩小养老金缺口。一是将商业养老保险税前扣除额度提升至每

---

① 我国各类保险机构包括保险集团或控股公司 15 家,财产险公司 87 家,寿险公司 75 家,养老保险公司 9 家,健康险公司 7 家,再保险公司 14 家,资产管理公司 28 家,其他保险机构 3 家。

年 2.4~3.6 万元,并根据社会平均工资增长、通货膨胀率等进行指数化调整,建立动态调整机制,增强政策的吸引力。① 二是推进个人所得税税法改革,将商业养老保险金给付环节按照"利息、股息、红利等权益性、债券性投资及其他依赖资本增值产生的所得"课征个人所得税,施以轻税或免税,②提升企业和个人投保商业养老保险的积极性。三是将商业养老保险金给付时按照综合所得课征税款,允许夫妻二人共同购买,以实现扩大政策覆盖面,实现普惠性制度安排。③ 这些观点虽然出发点并不相同,但都有益于完善递延型养老保险制度,通过改革产生制度红利,是构建中国特色养老制度的必然路径选择。

3. 研究开征社会保障税

社会保障税是世界上大多数国家开征的税种。据统计,全世界 170 多个国家里有 132 个国家实行社会保障税制度,这种制度以征收社会保障税的方式筹集社会保障资金,并在全国范围内统筹。在我国开征社会保障税是一个非常久远的话题。1996 年 3 月,第八届全国人民代表大会第四次会议批准通过的《中华人民共和国国民经济和社会发展"九五"计划和 2010 年远景目标纲要》提出,要逐步开征遗产和赠予税、利息所得税和社会保障税。其后,财政部多次提及社会保障税改革。目前,我国通过"五险"的形式征收包括养老费在内的社会保障基金,尚未建立社会保障税制度。"费"与"税"虽是一字之差,但其强制程度迥异。社会保障税的征收能有效增强全国社会保障基金的强制性。以税的形式征收社保资金,除了提升其强制程度外,还

---

① 王珊珊,孙守纪.个税递延型商业养老保险动态模拟研究——基于生命周期模型的分析[J].价格理论与实践,2021(12).

② 滕祥志.商业人身保险保单利益实现的税法评价——兼谈个人所得税法修改之选项[J].新视野,2021(06).

③ 谢波峰,常嘉路.个税改革如何影响了个人税收递延型商业养老保险的需求[J].财贸经济,2021(07).

可以实现社保资金的全国统筹。2018 年 7 月,中共中央办公厅、国务院办公厅印发《国税地税征管体制改革方案》,决定自 2019 年 1 月 1 日起,将基本养老保险费、基本医疗保险费、失业保险费、工伤保险费、生育保险费等各项社会保险费交由税务部门统一征收。从此项政策的运行实际情况来看,各种保险基金征收的刚性大大增强。2019 年 4 月,国务院出台《降低社会保险费率综合方案》将养老保险单位缴费比例降至 16% ,为保证各种社会保障待遇水平不至于下降过大,需要同时做好扩大参保范围和夯实缴费基数两件事情,①前者应做到应保尽保,提高参保率水平,后者是切实降低企业社保负担。《降低社会保险费率综合方案》为社会保障税的开征提供了空间。近年来,我国社保费统筹层级越来越高,已全面实现了省级统筹,并从 2022 年 1 月 1 日起实施企业职工基本养老保险全国统筹,这标志着我国社会保障税的开征条件已成熟。然而社会保障税牵涉面过大,正式开征需要考虑多重因素。一是社会保障税的最优税率。大多数国家实行比例税率,由雇主和雇员各负担 50% 。借鉴国际经验,同时考虑我国老龄化水平、经济增长情况和养老传统等因素,我国社会保障税最优税率以 30% 为宜,可以保证对经济增长的扭曲程度最小的前提下,筹集最多的税收收入,兼顾公平和效率。② 二是社会保障税的设置形式。国际上社会保障税有三种设置形式。第一类项目是按参保项目的不同类别分门别类设定不同税目,欧盟很多国家采用这种形式,比如瑞典、德国、法国、丹麦、卢森堡、比利时等。第二类项目是对象式的,即按照参保对象的差异分门别类设定不同税目,代表性国家是英国。第三类项目是混合式,同时依照参保对象与参保项目设定社会保障税,代表性国家是美国,该国社会保障税由工薪税、失业保险税、铁路员工退职保险

---

① 卢艺.社会保障税税基与税率的国际比较及对我国的启示[J].国际税收,2021(03).

② 付伯颖,陈子昂,夏宁潞.国际比较视角下我国社会保障税最优税率设计[J].地方财政研究 2018(09).

税、个体业主税构成。从我国现实国情出发,我国不适合采用项目式和对象式,而应该采取混合式社会保障税模式,即兼有参保对象与参保项目的设置模式。① 三是社会保障税的税收管辖权。社会保障税应作为"共享税",由国家和地方财政共同管理。② 建议国地分享比例为5:5,既有利于中央财政统筹调节,实现基本公共服务均衡化;又有利于增强地方政府提供社会保障公共服务的支付能力,满足人民日益增长的美好生活需要。

(三)扎实推进全国统筹,调节地区基金余缺

现实层面,基础养老金统筹层次低下导致无法建立集中的投资管理制度,养老保险当期收不抵支的省份压力巨大,省与省之间养老基本公共服务参差不齐,养老金的便携性、投资运营、财务风险防范等问题得不到解决,巨量资金不能调节使用,资金使用效率低下。中央层面正着手完善顶层设计,人社部已开始制定基础养老金统筹方案。虽然,全国统筹会利用东部盈余的养老金来弥补处于亏空状态的中西部地区,从而影响部分省份的积极性,但从全国范围内来看,能有效解决上述诸多问题,是不得不啃的一块硬骨头。③

党中央决定,从2022年1月起实施企业职工基本养老保险全国统筹,是一个良好的开端,其后还要推进包括城乡居民养老保险在内各类保险基金的全国统筹。相关部门应跟进企业职工基本养老保险全国统筹工作,及时解决实施过程中产生的新问题,为后续其他类型养老基金的全国统筹积累

---

① 蓝相洁.项目式还是对象式——社会保障税设置模式比较及其选择[J].河北经贸大学学报,2014(02).

② 孙宇晖,安娜.关于我国开征社会保障税的若干思考[J].税务与经济,2015(03).

③ 李勇.增加养老公共服务供给的路径建议[J].北方经济,2018(09).

经验。

（四）完善合理调整机制，保证基金持续增长

基础养老金曾经 8 年固定上调 10%，2016 年首次打破这一惯例，上调比例从当年的 6.5% 下降为其后的 5%，虽然调增比例下降，绝对值却逐年增加，但也让民众感觉到政府财力紧张。欧美等国家养老金调整综合考虑物价指数、工资增长率、预期寿命、长寿风险、财政状况等因素，[①] 我国如何完善养老金调整机制？在经济新常态下，这项工作变得非常迫切，因为既往的大幅上涨给财政支付造成了巨大压力。由于涉及千家万户的根本利益，需要谨慎对待，帮助老年人及其家庭建立良好的待遇预期。国内学界较为一致的观点是采用综合物价指数和实际工资增长率两种指标，这种调整机制既能保证养老金免受通货膨胀侵蚀，又能适当分享经济发展成果。[②] 我们认为，我国养老金调整机制需要统筹考虑各类养老基金，适当加大城乡居民基本养老金等养老基金的调增比例，缩小不同养老保险的待遇差距。

（五）做大养老资金储备，增强服务供给能力

党中央决定，逐步提高国有资本收益上缴公共财政比例，同时划转部分国有资本充实养老金。建议相关部门应做好两方面的前期工作：一是针对提高比例编制时间表。2020 年 8 月，中共中央、国务院印发《关于深化国有

① 房连泉.建立可持续的基本养老保险待遇指数化调整机制研究——来自国际案例的经验启示[J].人口学刊,2018(05).

② 王翠琴,岳晓,薛惠元.城镇职工基本养老保险基金可持续性仿真测算[J].统计与决策,2021(12).

企业改革的指导意见》,提出"提高国有资本收益上缴公共财政比例,2020年提高到30%"。2021年3月,第十三届全国人大四次会议通过《中华人民共和国国民经济和社会发展第十四个五年规划和2035年远景目标纲要》,进一步提出"完善国有资本收益上缴公共财政制度,加大公共财政支出用于民生保障力度"。新发展阶段,相关部门应细化工作安排,分年度推进国有资本收益上缴工作,保证应缴尽缴。二是同时实现国资收益上缴范围"全覆盖",特别将金融、铁路、交通等关系国计民生领域的尽早纳入其中。

（六）促进财税优惠政策落地，降低养老机构运营成本

在银发时代,政府应借助社会资本增加养老基本公共服务供给。近些年来,不少省份出台了促进社会养老机构发展的财税优惠政策。比如,2015年1月,浙江省第十二届人民代表大会第三次会议通过《浙江省社会养老服务促进条例》,要求县级以上人民政府及其有关部门应当落实国家和省对养老机构、社区居家养老服务照料中心和其他养老服务组织的税费优惠。2016年11月,宁夏回族自治区第十一届人民代表大会常务委员会第二十八次会议通过《宁夏回族自治区养老服务促进条例》,明确养老机构等养老服务组织享受国家和自治区税费优惠政策;企事业单位、社会团体和个人向非营利性养老机构的捐赠,符合相关规定的,在计算其应纳税所得额时,按税收法律、行政法规规定比例扣除。新发展阶段,各地区应结合人口老龄化国家战略,适时完善政策,跟踪结构性减税政策执行效果,保证税费优惠政策真正落地,以牺牲部分国税收入为代价,激发民间资本的热情。

三、深化行政管理体制改革，为增加养老服务供给提供制度保障

（一）加强养老服务标准体系建设，完善政府购买养老服务政策

截至目前,我国已出台了 23 项国家标准和行业标准涵盖建筑、医疗、卫生、管理等方面,完全针对养老服务的只有《养老护理员国家职业标准》等 9 项,对于纷繁复杂的养老服务来说,可谓少之又少。建议相关部门借鉴国外先进经验,制定完善包括资质标准、基础设施标准、质量标准、管理标准、环境标准、安全卫生标准等在内的一整套养老服务标准体系;围绕老年人的基本需求提升服务标准的操作性和针对性。这项工作可依据质量技术监督部门、民政部门、人力资源和社会保障部门,协同发挥医疗卫生、建筑设计、安全管理、应急管理等职能部门的技术优势,联合攻关,进行系统化建设;组建养老机构服务质量管理委员会等第三方机构对养老服务供给进行质量评估,或者建立强大的专家团队定期评估和检查,促进国家标准和行业标准落到实处;①通过自然科学基金和社科基金的重大课题进行招标,发挥社会智力资源优势,加以妥善推进和完善。

实践证明,政府购买服务是弥补公共服务供给不足的有效方式。我国不少地方,特别是基层政府,都动用了财政资金购买养老服务,但令人遗憾

---

① 李超,高云霞,赵丽.大力推进养老机构标准化规范化建设[N].法制日报,2020 - 04 - 29.

的是,由于缺乏完善的服务标准认定,导致宝贵的财政资金利用率不高。23项国家标准和行业标准的发布和实施,将为政府购买服务、加强政府监管和行业监管提供有力的手段。地方政府依据国家标准和行业标准,结合本地区实施细则,以政府职能转变和人民群众需求为导向规范政府购买服务事项。四川省浦江县在居家和社区养老服务项目中引入凭单制,引入两家社会组织形成竞争机制,由接受服务的老年人自行选择社会组织为其提供助餐、助浴、助洁、助急、助医等养老支持服务,①确保了政府购买服务的质量,值得推广和借鉴。

(二)深化养老服务人才工作机制,健全服务人才培养评价激励制度

第一,扩大老年教育资源供给。积极落实《中共中央、国务院发布关于加强新时代老龄工作的意见》,教育主管部门将老年教育纳入终身教育体系,牵头研究制定老年教育发展政策举措,采取促进有条件的学校开展老年教育、支持社会力量举办老年大学(学校)等办法,推动扩大老年教育资源供给;鼓励有条件的高校、职业院校开设老年教育相关专业和课程,编写老年教育相关教材,加强学科专业建设与人才培养;借助国家开放大学面广点多的优势,筹建国家老年大学,搭建全国老年教育资源共享和公共服务平台;创新工作机制,推动部门、行业企业、高校举办的老年大学面向社会开放办学;适时更新专业设置,强化智慧健康养老与管理、康复治疗学、养老服务机构物业管理、健康服务与管理、养老服务管理、老年护理学等专业的职业教

---

① 陈国强.聚焦核心内容,推动政府购买服务高质量发展——成都从四方面答好政府购买服务"试卷"纪实[N].中国政府采购报,2020 - 05 - 12.

育,面对中西部经济欠发达省市区扩大招生,采取定向培养等方式,通过减免学杂费和助学金吸引和保障农牧区学员接受职业技术教育,提高职业操作技能。

第二,建立完善考核与职业资格认证制度。2021年,浙江丽水市将养老照护人员纳入全市专业技术人员职称评定管理,设置照护员、助理照护师、照护师和高级照护师4个等级,这是首个将养老照护人员纳入专业技术人员职称评定管理的有益尝试。国家人力资源和社会保障部等部门应结合浙江试点经验,发布指导意见,在全国范围内建立完善养老服务从业人员考核与职业资格认证制度,依据工龄、技术等级等指标确定工资职级,以奖勤罚懒的激励制度提升养老服务人员的队伍层次。

第三,多部门联动完善支持政策。民政部门进一步提高用于社会福利事业的彩票公益金用于养老服务的比例。财政部门加大投入力度,用好有关资金和资源,积极支持老龄工作,落实相关财税支持政策,鼓励各类公益性社会组织或慈善组织加大对老龄事业投入。发展与改革部门要研究制定住房等支持政策,完善阶梯电价、水价、气价政策,鼓励成年子女与老年父母就近居住或共同生活,履行赡养义务、承担照料责任。对赡养负担重的零就业家庭成员,按规定优先安排公益性岗位。

第四,加大养老政策宣传。各级党委宣传部门通过"五一劳动奖章""三八红旗手"等精神激励提升养老从业人员工作地位,引导社会就业观念的转变,增强养老服务业的从业意愿。

(三)下沉医疗资源,推进医养结合

第一,促进医疗资源下沉,构建社区、机构、家庭的三级医疗集合服务体系。老人属风烛残年,各种疾病必将终其一生。医养结合是提升养老服务

质量的关键。建议相关部门通力合作,做实医养结合。在城乡卫生资源不均衡的现实条件下,资源下沉到农村、社区是实现医养结合的关键。2015年,浙江实施"双下沉、双提升"工程(人才下沉,资源下沉;服务能力提升,服务效率提升),取得了良好的工作成效,也为我们提供了很好的工作思路。发挥"链接"功能,将社区、机构和家庭整合起来,将专业照护资源和非专业照护资源整合在一起,构建起一整套完整的照护服务体系和网络。①

第二,协同发力,做实做细医养结合。可推广河南省的做法。该省以协作联盟的形式实现区域内老人享受医疗和养护"一站式"服务。基层政府通过办公用房、医疗设备等方面的投入,为医联体建设提供硬件保障。卫生行政部门根据当地实际情况,确定和适时更新本区域常见老年病和慢性病药品的目录,有效保障基层医院的药品供应,下大力气解决基层医疗机构"有医无药"的问题。医保管理部门通过特种病门诊等形式适当延长处方用量(最低为一个月);定期配齐或更新常规医疗设备,提升基层医疗卫生服务能力。人力资源管理部门做好职称评定、专业技术培训和继续医学教育等方面的制度衔接工作。卫生管理部门对养老机构和医疗卫生机构中的医务人员应同等对待;完善薪酬、职称评定等激励机制,鼓励医护人员到医养结合机构执业;加快培养老年医学、康复、护理、营养等方面的专业人才。

(四)妥善推进延迟退休政策,研究对冲长寿风险路径

2015年版《世界卫生统计》报告显示,中国男性女性人口平均寿命分别为74岁和77岁。按现行养老金计算公式,养老金=个人部分养老金+基础养老金=退休时个人账户余额÷139+上年社会平均工资×(1+个人工资

---

① 乌丹星.新时代:中国医养结合新趋势[J].中国社会工作,2018(11).

指数)÷2×n%,60 岁退休的职工在 71 岁 7 个月的时候,个人账户资金被领空,剩下的时间就得"消耗"基础养老金。因此,预期寿命的增加与"计发月数 139"的制度规定遇到一起,必然造成养老金被一步步"掏空",延迟退休政策的推出是不得已的选择。虽然反对的声音一直存在,但延迟退休已悄然进行,2015 年中组部和人社部联合下发通知,将机关事业单位县处级女干部和具有高级职称的女职工退休年龄调整为 60 岁。在政策实施过程中应避免"一刀切",尊重本人意愿,可结合延迟加政策奖励的方式进行。

政府相关部门在完善顶层设计的时候,要深入研究对冲长寿风险的具体路径。一是要逐步建立医疗、养老和长期护理保险三大险种的联动保障机制,为长寿风险的应对提供更加全面的解决方案。[1] 二是通过长寿风险证券化试点完善资本建设。国内学者提出的"逆生存债券"[2]、长寿债券和生存互换等死亡率连接型证券[3]等观点,为政府决策部门提供了很好的借鉴。总之,国家延迟退休和对冲长寿风险等工作必须在我国老龄化峰值年份完成,一定要结合现实国情,创新思维、试点推进,逐步完善这一关系民族伟大复兴的公共政策。

---

[1] 孙翎,李光泽.长寿风险对基本医疗保险统筹基金的冲击效应研究[J].财经理论与实践,2021(04).

[2] 杨刚,卿文龙.我国养老保险公司的长寿风险证券化——基于百分位分层定价法[J].武汉金融,2019(04).

[3] 胡仕强.基于死亡率免疫理论的自然对冲有效性评估[J].保险研究,2019(02).

参考文献

[1]陈发明.为京津老人安"新家"[N].经济日报,2020 – 03 – 29.

[2]陈建强.天津出台我国首部促进养老服务发展地方性法规[N].光明日报,2015 – 02 – 07.

[3]陈静.新型城镇化背景下农村养老服务供给模式研究[J].农村经济,2016(06).

[4]陈宁.从供给者主导到消费者主导:关于中国居家养老服务供给的一个分析框架[J].企业经济,2017,36(08).

[5]陈宁.健康战略下我国居家养老服务供给:瓶颈与破解路径[J].当代经济管理,2017,39(02).

[6]陈谦谦.上海市基本养老服务供给适度水平及效果评价研究[D].上海师范大学,2020.

[7]陈显友.乡村振兴背景下农村养老服务供给问题研究[J/OL].广西社会科学:1 – 9[2022 – 01 – 16].

[8]陈志峰,刘俊秋,王臣昊,左美云.智慧养老探索与实践[M].人民邮电出版社,2016.

[9]丁志宏,王莉莉.我国社区居家养老服务均等化研究[J].人口学刊,2011(05).

[10]杜春林,臧璐衡.从"碎片化运作"到"整体性治理":智慧养老服务供给的路径创新研究[J].学习与实践,2020(07).

[11]杜智民,康芳.农村社区居家养老服务供给精准化的实践困境与优化路径[J].重庆社会科学,2020(09).

[12]高传胜.老有所养,当问谁? [M].南京大学出版社:公共事务与国家治理丛书,2019.

[13]郭倩,王效俐.基于财政补贴的民办养老服务供给博弈分析[J].系统工程,2018,36(10).

[14]韩秉志.我国将对养老服务机构开展全流程监管[N].经济日报,2020-12-30.

[15]韩羚.我国城市养老服务供给主体多元化研究[D].内蒙古大学,2017.

[16]何寿奎.社会组织参与养老服务供给困境成因与治理对策研究[J].现代经济探讨,2016(08).

[17]贺薇.居家养老服务供给结构的现状与优化[J].湖北大学学报(哲学社会科学版),2020,47(06).

[18]黄俊辉.农村养老服务供给变迁:70年回顾与展望[J].中国农业大学学报(社会科学版),2019,36(05).

[19]黄俊辉.政府责任视角下的农村养老服务供给研究[M].中国政法大学出版社,2020.

[20]黄石松,纪竞垚.深化养老服务供给侧结构性改革[J].前线,2019(07).

[21]黄永贵.中国分省社会养老服务供给水平研究[D].辽宁大学,2017.

[22]纪志耿,祝林林.中国农村养老服务供给:理论基础、形势判断及政

策优化[J].农村经济,2019(05).

[23]江山.推进养老服务,呼唤政策"组合拳"[N].人民日报,2015 -
05 - 13.

[24]江苏民康老年服务中心.养老机构服务与管理实务[M].南京东南
大学出版社,2017.

[25]金振娅.完善养老服务共同守护"夕阳红"[N].光明日报,2021 -
10 - 15.

[26]景日晨.地方政府农村养老服务供给问题研究[D].长春工业大
学,2021.

[27]李长远,张会萍.医养结合养老服务供给主体角色定位及财政责任
边界[J].当代经济管理,2021,43(02).

[28]李长远.民族地区社会养老服务供给侧结构性改革面临的困境及
对策——以甘肃省临夏回族自治州为例[J].民族学刊,2018,9(04).

[29]李璐.推动养老服务供给侧改革发展老年健康医疗服务产业[J].
宏观经济管理,2016(07).

[30]李明宇.中国社会养老服务供给适度水平分析[D].辽宁大
学,2018.

[31]李俏,许文.农村养老服务供给侧改革的研究理路与实现方式[J].
西北人口,2017,38(05).

[32]李瑞丽,乔桂明.基于多元创新视域的养老服务供给机制研究[J].
广西社会科学,2017(06).

[33]李勇,栾江,杨艳,张禹.扶贫协作和对口支援:中国特色横向转移
支付形式——以天津为例[J].理论与现代化,2020(06).

[34]李勇,徐秀红.公共财政支持农村发展的实践与思考[J].中共天津
市委党校学报,2014(04).

[35]李勇.国内企业年金投资研究文献综述[J].经济研究参考,2012(54).

[36]李勇.京津冀医疗卫生协同发展的实践回顾与政策建议[J].北方经济,2019(04).

[37]李勇.企业年金投资监管:综述与思考[J].财政监督,2012(24).

[38]李勇.全国社会保障基金投资研究文献综述[J].经济问题探索,2012(09).

[39]李勇.全面推进乡村振兴战略的基础与短板[J].北方经济,2021(07).

[40]李勇.深化天津与承德对口帮扶深入推进京津冀协同发展[J].求知,2019(04).

[41]李勇.十六大以来我国农村扶贫财政支持政策回顾与思考[J].安徽农业科学,2013,41(11).

[42]李勇.完善农村扶贫税收政策打好新时期扶贫攻坚战[J].未来与发展,2013,36(03).

[43]李勇.我国养老公共服务供给现状、困境与对策[J].北方经济,2017(11).

[44]李勇.增加养老公共服务供给的路径建议[J].北方经济,2018(09).

[45]李志明.中国养老服务"供给侧"改革思路——构建"立足社区、服务居家"的综合养老服务体系[J].学术研究,2016(07).

[46]林宝.养老服务供给侧改革:重点任务与改革思路[J].北京工业大学学报(社会科学版),2017,17(06).

[47]连方圆.资源禀赋、制度质量与农村机构养老服务供给[D].兰州大学,2019.

[48]雷雨若.澳大利亚社会企业承接政府养老服务供给的经验与启示——基于社会企业 C 的案例分析[J].新视野,2017(04).

[49]刘成.养老服务志愿者的"时间银行"[N].经济日报,2020 - 07 - 19.

[50]刘莉.日本、韩国公共养老金投资模式演变及启示[J].社会保障研究,2015(01).

[51]刘欣.农村养老服务供给中的基层政府职责履行研究[D].曲阜师范大学,2021.

[52]刘艺,范世明.公共产品理论指引下构建农村养老服务供给主体支持体系研究——基于不平衡不充分的视角[J].湖南社会科学,2018(03).

[53]刘宇,唐亚阳.农村养老服务供给困境与出路——基于供给侧结构性改革视角[J].当代经济研究,2018(06).

[54]卢驰文.统筹建立基本养老保险与全国社会保障基金投资运营制度[J].财政研究,2014(03).

[55]卢建平,王波,王俊.我国养老服务供给与定价机制研究[J].价格理论与实践,2016(05).

[56]鲁迎春,陈奇星.从"慈善救济"到"权利保障"——上海养老服务供给中的政府责任转型[J].上海行政学院学报,2016,17(02).

[57]鲁迎春,唐亚林.数字治理时代养老服务供给的互动服务模式:特质、问题及其优化之策[J].南京社会科学,2020(07).

[58]鲁迎春,徐玉梅.技术服务:基于数据驱动的养老服务供给模式创新[J].行政论坛,2020,27(03).

[59]马嘉慧.城市社区养老服务供给研究[D].西北大学,2021.

[60]穆怀中.不可均衡风险与全国社会保障基金的养老水平[J].财政研究,2020(06).

[61]倪受彬.公共养老金投资中的受信任义务[J].法学,2014(01).

[62]庞杰,王光伟.经济周期视角下全国社会保障基金的战术资产配置[J].社会保障研究,2016(04).

[63]庞杰,王光伟.全国社会保障基金的风格资产配置研究——基于经济周期视角[J].南京审计大学学报,2017,14(03).

[64]祁悦.中国农村社区养老服务供给与需求研究[D].南京大学,2017.

[65]邱超奕.事业产业协同养老服务更优[N].人民日报,2021-10-20.

[66]邱玥.多措并举补齐养老服务短板[N].光明日报,2019-04-17.

[67]屈群苹.复合治理视域下的城市社区养老服务供给[J].中南大学学报(社会科学版),2015,21(05).

[68]全国社会保障基金理事会基金年度报告(2012年度)[J].中国金融,2013(13).

[69]冉丽娜.农村养老服务供给主体多元化研究[D].西南大学,2021.

[70]任欢.确保养老服务有规矩可循[N].光明日报,2020-01-14.

[71]任勤,何泱泱.社会养老服务供给主体间的职能与合作[J].四川大学学报(哲学社会科学版),2016(03).

[72]邵文娟.供给侧改革视角下社会组织参与养老服务供给研究[J].宏观经济研究,2019(07).

[73]沈澈,邓大松.养老金投资运营风险的识别与对策[J].经济纵横,2014(03).

[74]沈澈.养老金投资运营制度风险识别与规避——基于SWOT矩阵的分析[J].社会保障研究,2014(03).

[75]沈慧.全国已建成29.1万家居家社区养老机构[N].经济日报,2021-09-18.

[76]宋雪飞,周军,李放.非营利组织居家养老服务供给:模式、效用及

策略——基于南京市的案例分析[J].南京大学学报(哲学·人文科学·社会科学),2017,54(02).

[77]睢党臣,曹英琪.共享经济视域下城乡互助养老模式的构建[J].长白学刊.2019,(02).

[78]孙兆阳,戈艳霞,张博.居家养老服务供给对老年人养老满意度影响研究——基于8省市调查数据的分析[J].中共中央党校(国家行政学院)学报,2021,25(01).

[79]汤艳文.养老服务的社会组织与管理[M].广西师范大学出版社,2014.

[80]田晓航.我国养老服务需求呈现新趋势[N].人民日报,2018-07-31.

[81]田钰燕,包学雄."互联网+"时代居家养老服务供给:从技术嵌入到协作生产——基于对W市"云家庭服务中心"的考察[J].社会保障研究,2017(02).

[82]王贝芬.社会化养老模式研究综述与展望[J].天府新论,2014(03).

[83]王成,周玉萍.居家养老服务供给中的社会资本困境与培育研究[J].江汉学术,2019,38(05).

[84]王翠霞.农村社区养老服务供给体系研究[D].上海工程技术大学,2019.

[85]王林森.城镇居家养老服务供给能力研究[M].南京大学出版社,2019.

[86]王美莹.老年人能力评估师:让养老服务更周到[N].光明日报,2021-10-19.

[87]王先菊.养老服务供给研究[D].中共中央党校,2018.

[88]王雪辉,彭聪.农村社会养老服务供给水平研究[J].华南农业大学学报(社会科学版),2020,19(01).

[89]王屹啸.我国养老服务供给体系的特征及其影响因素研究[D].浙江财经大学,2019.

[90]王增文.农村老年人口对养老服务供给主体的社会认同度研究——基于宗族网络与农村养老服务政策的比较[J].中国行政管理,2015(10).

[91]王震.居家社区养老服务供给的政策分析及治理模式重构[J].探索,2018(06).

[92]魏晓琴,靳文秀,路竹青.全国社会保障基金股票投资组合绩效评价研究[J].经济与管理,2013,27(12).

[93]我国养老服务综合配套改革实践与创新[M].西南交通大学出版社,2017.

[94]仵亦畅,成虎,张建坤,王效容.社区居家养老服务供给模式及支撑体系研究[J].现代城市研究,2014(09).

[95]武萍,周卉.养老服务供给与人口老龄化协调发展的演进逻辑及实证检验[J].青海社会科学,2017(02).

[96]夏玉珍,徐大庆.项目制下我国农村养老服务供给体制创新研究[J].广西社会科学,2015(02).

[97]熊军,季宇.完善养老金投资管理制度[J].中国金融,2014(12).

[98]徐隽.为完善养老服务提供法治保障[N].人民日报,2021-05-06.

[99]杨宝强,钟曼丽.农村养老服务供给能力的测度与提升策略——基于海南省18个市县的实证研究[J].湖北民族大学学报(哲学社会科学版),2020,38(04).

[100]杨波.智慧居家养老服务质量评价研究[M].新华出版社,2019.

[101]杨复卫,张新民.论公共养老金投资负面清单制度的构建[J].兰州学刊,2017(07).

[102]杨凯元.农村养老服务供给主体多元化发展研究[D].吉林大学,2017.

[103]杨彦帆.推动老龄事业高质量发展[N].人民日报,2021-12-10.

[104]姚金海.金融危机背景下OECD国家养老金投资运营管理改革及其对中国的启示[J].中国社会科学院(研究生院)学报,2016(02).

[105]易开刚.现代化养老服务业的发展战略、模式与对策研究:以浙江省为例[M].浙江工商大学出版社,2014.

[106]易艳阳,周沛.元治理视域下养老服务供给中的政府责任研究[J].兰州学刊,2019(04).

[107]殷俊,李媛媛.基于资本资产定价模型的全国社会保障基金投资组合研究[J].理论与改革,2013(02).

[108]于书伟.农村养老服务供给侧结构性改革的困境及对策研究[J].求实,2018(04).

[109]曾雄旺,杨亦民,叶明欢."全国社会保障基金"投资存在的问题与优化对策[J].经济纵横,2013(12).

[110]曾毅.完善居家养老服务[N].光明日报,2015-03-14.

[111]张博.供给侧视角下社会资本参与智慧健康养老服务供给研究[J].兰州学刊,2021(03).

[112]张健明,高鹏飞,郭丽娜,张晓文.养老金投资效用的微观经济学分析[J].投资研究,2018,37(07).

[113]张举国."一核多元":元治理视域下农村养老服务供给侧结构性改革[J].求实,2016(11).

[114]张乐川.日本NPO参与养老服务供给的机制与效果分析[J].现

代日本经济,2018(01).

[115]张世青,王文娟,陈岱云.农村养老服务供给中的政府责任再探——以山东省为例[J].山东社会科学,2015(03).

[116]赵一红,庞志.城市社区养老服务供给主体的结构化分析[J].学术研究,2020(09).

[117]郑秉文.全国社会保障基金理事会管理体制的转型与突破——写在基本养老基金投资进入市场之际[J].辽宁大学学报(哲学社会科学版),2017,45(03).

[118]郑吉友,李兆友.基于结构方程模型的农村居家养老服务供给水平分析[J].西北人口,2017,38(05).

[119]郑军,秦妍.政府财政补贴与农村养老服务供给:作用渠道与差异效应[J].贵州财经大学学报,2021(06).

[120]郑尚元.长期照护保险立法探析[J].法学评论,2018,36(01).

[121]中国人口老龄化和老龄事业发展报告[M].中国人民大学出版社,2013.

[122]朱浩.城市社区养老服务供给效率机制研究——以杭州市为例[J].当代经济管理,2017,39(04).

[123]朱婷.乡镇政府在敬老院养老服务供给中的责任分析[D].南京理工大学,2020.

后 记

  2017 年,本人申请天津市哲学社会科学基金项目,幸而获准立项(课题名称:天津增加养老公共服务的具体路径与支撑体系研究,课题编号:TJYY17-023,课题组成员包括李勇、罗琼、刘东生、李理),于是才有了这本书。课题组成员近期结合养老服务撰写了几篇很有分量的理论文章,研究组成员的辛勤劳动对本书的最终成稿提供了巨大支持,在此谨致深深的谢意。

  本书写作分工如下,刘东生撰写第一章,李勇和李理撰写第二、三、四、五章。写作过程中,参阅了大量文献,除页下注和参考文献外,还有其他文献资料,一并致谢!

  感谢中共天津市委党校副校长徐中教授,教育长臧学英教授,科研处处长徐华娟研究员,王沛战、吴建军、边珊珊及科研处其他同事为本课题的研究给予的帮助和支持。特别感谢天津人民出版社林雨老师为本书付梓付出的辛勤劳动。

  养老公共服务是一个值得长期研究的课题。近些年来,党和国家致力于深化改革,推出了一系列举措,努力增加养老服务供给。本课题组将长期跟进相关研究,希望为应对人口老龄化国家战略继续贡献力量。

李 勇

2022 年 6 月